VIVENDO COMO UM
GUERREIRO

VIVENDO COMO UM GUERREIRO

WHINDERSSON NUNES
COM **GABRIEL CHALITA**

© Editora Serena, 2021

Todos os direitos reservados. É vedada a reprodução total ou parcial desta publicação, por qualquer meio, sem autorização expressa da Editora Serena. Nenhuma parte desta obra pode ser reproduzida ou transmitida em qualquer formato: físico, eletrônico, digital, fotocópia, gravação ou sistema de armazenagem e recuperação de informação. Essas proibições também se aplicam às ilustrações, imagens e outros aspectos da obra. A violação de direitos autorais é punível como crime.

Direção editorial: Soraia Reis
Revisão: Carmen Valle e Marcelo Barros
Capa, projeto gráfico e diagramação: Aline Benitez
Ilustrações: Lucas Caetano

1ª edição – São Paulo

Dados Internacionais de Catalogação na Publicação (CIP) de acordo com ISBD

N972v	Nunes, Whindersson Vivendo como um guerreiro / Whindersson Nunes, Gabriel Chalita ; dirigido por Soraia Reis ; ilustrado por Lucas Caetano. – São Paulo, SP : Editora Serena, 2021. 208 p. : il. ; 16cm x 23 cm. ISBN: 978-65-89902-01-0 1. Autobiografia. 2. Whindersson Nunes. I. Chalita, Gabriel. II. Reis, Soraia. III. Caetano, Lucas. IV. Título.
2021-3705	CDD 920 CDU 929

Elaborado por Vagner Rodolfo da Silva – CRB-8/9410

Índice para catálogo sistemático:
1. Autobiografia 920
2. Autobiografia 929

Editora Serena
Rua Cardeal Arcoverde, 359 – cj. 141
Pinheiros – 05407-000 – São Paulo – SP
Telefone: 11 3068-9595 – e-mail: atendimento@editoraserena.com.br

Vivendo como um guerreiro é o que tatuei em meu rosto. Em um dia como tantos outros, mas com uma tristeza mais doída.

Tatuagens são marcas que escolhemos para revelar sentimentos, valores, dizeres.

Meu rosto nunca esteve escondido. Sou contra os esconderijos, as dissimulações, a inautenticidade.

Sou quem sou. No Piauí ou em qualquer outro lugar do mundo. Carrego cicatrizes e tatuagens, no corpo e na alma. Do que já vivi, do que já sofri, do que já morri e renasci.

Vivendo como um guerreiro é um livro de conversas, de revelações, de compromisso com certezas que fui aprendendo na luta. Não é uma biografia linear, talvez seja muito jovem para isso. É um abrir da alma, é um conversar na intimidade de um encontro. Entre você que me lê e eu que me permito ser lido.

O título, **Vivendo como um guerreiro**, vem de uma canção que eu ouvi muitas vezes em uma das primeiras viagens que o meu dinheiro, após dois anos de internet, permitiu fazer. Foi em Fernando de Noronha. Era pouco o dinheiro, ainda, e deu para a passagem e para a hospedagem em um quarto de um nativo. De alguém que tinha alguns gatos que passeavam pela casa. Todas essas imagens vão ficando inscritas em mim. Valorizo os instantes, porque compreendo a magia que neles mora. No início do dia, eu já escolhia qual refeição seria a principal.

Eu, sempre curioso, queria acompanhar os grupos, que tinham guias, para entender as histórias do lugar. Ficava disfarçando minha presença. Sorrisinho aqui, sorrisinho ali. E quando o guia me perguntava se eu era do grupo, eu dizia "sô não, sô do grupo que está chegando, é que sou adiantado do grupo de trás". E ele se distraía com as outras pessoas e eu aprendia.

Comia em restaurante muito simples e com muito molho. Sempre gostei de comida com muito molho, espanta a fome por mais tempo.

E foi lá em Fernando de Noronha, entre mergulhos e emoções — ô lugar lindo de se ver o pôr do sol! E de se ver o nascer do sol, também, o que é mais difícil. O pôr do sol já está ali, basta você olhar. O nascer do sol exige que você acorde antes, que você se mexa, que você saia do seu conforto e vá dar atenção ao sol que está nascendo.

Pois bem, foi lá em Fernando de Noronha, onde eu sentava e olhava para aquela imensidão infinita de naturezas, que ouvi essa música. "Live Like a Warrior" é uma canção de um cantor judaico estadunidense que se chama Matthew Paul Miller, e que se tornou Matisyahu, cujo sentido significa "dom de Deus", na língua aramaica.

Eu, quando gosto de uma música, fico escutando várias vezes. Lá, onde eu ainda pouco havia feito do que eu queria, mas onde eu já havia sofrido mais do que talvez eu pudesse compreender pra chegar até ali (que eu pensei ser meu ápice na carreira). Essa música me disse coisas, essa música ficou tatuada em mim.

Eu não falo bem inglês, mas entendo. E o refrão, eu entendi rapidamente. E ficou em mim cantando: Viva como um guerreiro.

Viva como um guerreiro

Sente como se o mundo não te amasse
Eles só querem empurrá-lo para fora
Tem dias que as pessoas não te veem
Você se sente como se estivesse no caminho
Hoje você sente como se todos te odiassem
Apontando seus dedos, olhando para os seus erros
Você faz "bem", eles querem "incrível"
Não importa o que você dá, eles ainda querem tomar mais
Dê seu amor e eles o jogarão de volta
Você dá o seu coração e eles te atacam
Quando não há mais nada para você
A única coisa que você pode fazer é dizer

Hoje, hoje, viva como quiser
Deixe o ontem queimar e jogue-o no fogo, fogo, fogo
Lute como um guerreiro

Algumas coisas você deveria deixar pra trás ou elas vão te derrubar
Assim como peso em seu ombro
Eles farão você se afogar

Todos com pontos altos e baixos
Todos temos segredos que as pessoas não sabem
Todos nós temos sonhos que não podemos deixar ir
Queremos enfrentar. Não tema

Ohh

Hoje, hoje, viva como quiser
Deixe o ontem queimar e jogue-o no fogo, fogo, fogo
Lute como um guerreiro

O seu coração é demasiado pesado de coisas que você carrega um longo tempo
Você tem estado de pé, às vezes caído e cansado e não sabe o porquê
Mas você nunca vai voltar, você só vive uma vida
Esqueça, esqueça, esqueça, esqueça, esqueça

Hoje, hoje, viva como quiser
Deixe o ontem queimar e jogue-o no fogo, fogo, fogo
Lute como um guerreiro

"Hoje, eu vou viver como eu quero!", foi o que disse a mim mesmo naquela paradisíaca Fernando de

Noronha. E, hoje, também. Aqui, em São Paulo, onde abro algumas cicatrizes para mexer no que pode ajudar outras pessoas a perceberem que também podem viver como guerreiros. Deixando o ontem no ontem, deixando opiniões onde elas devem ficar. Deixando as distrações de lado. E há muitas. Há muitas pessoas que perdem o olhar do guerreiro, o agir do guerreiro, o vencer do guerreiro, por preocupações que não têm a menor importância.

Sou dos que encerram uma conversa quando percebo que o que se diz é distração, é aborrecimento sobre a vida dos outros, é incompreensão. Não sou dos julgamentos. Acho que cada um tem a sua razão para escrever, do seu jeito, a sua história. E quando erra, encerra no erro o significado da natureza humana. Guerreiros também erram. Também caem. E se levantam.

Este livro nasce de um estender as mãos a tantos que confiam em mim e que, por alguma razão, se inspiram em mim para preencher algumas lacunas de suas vidas. Não sou melhor do que ninguém. Não me apresento como o melhor. Apenas como um guerreiro. Se choro, ofereço o meu choro. Se estou indignado, explico minha indignação. Se faço rir, é porque acredito na energia da alegria vencendo as violências tantas que nos roubam de nós mesmos. Por isso, falo em autenticidade. Nunca me ofereci como uma personagem produzida para agradar. São os meus cotidianos que me inspiram e neles me apego para levar a arte em que acredito aos milhões que me comovem com suas vidas misturadas à minha. Quando entro na vida de alguém por um vídeo, por uma música, por um dizer, eu me torno, também, responsável pelos valores que dissemino e pelo humor que nos ajuda a estar mais atentos ao outro e à riqueza que ele carrega.

Espero que seja uma agradável leitura.

É um pedaço de mim que compartilho com vocês.

Taca o pau!

SUMÁRIO

Prefácio	13
Meu filho, João	19
Eu já fui criança	37
Sobre escolas e computadores	47
Na igreja, com os irmãos	55
De Bom Jesus para Teresina	65
Nos palcos	75
Sobre os vídeos	87
Sobre a dor de perder um amigo	101
Sobre outros amigos	109
Sem medo de aprender	123
Sobre superar as decepções	131
Aos que sofrem de depressão	139
O bom do dinheiro	147
O bom de ajudar as pessoas	155
O nordeste dentro de mim	163
Eu ainda sonho	171
Voltando ao começo	187
Fim de conversa	199

PREFÁCIO

"O nascer do Sol exige que você acorde antes, que você se mexa, que você saia do seu conforto e vá dar atenção ao Sol que está nascendo." (Cap. 1)

Receber o convite para escrever este prefácio é uma honra e um grande desafio, pois preciso colocar, em algumas palavras resumidas, o impacto que cada vírgula escrita me causou. Espero ser digna dessa missão, pois este não é um livro qualquer. Estamos diante de um complexo de memórias cuidadosamente organizado para compor um pedaço da história de vida de um homem que nunca deixou de lado a sua missão. Como amigo, ele sempre está disposto ao diálogo e, como artista, é um gigante de múltiplos talentos, mas, sem dúvidas, seu maior dom é o dom de tocar corações. E ele faz isso da forma mais linda, através do humor, trazendo sorrisos para o cotidiano de muitos que, talvez, não tenham nenhum outro motivo para sorrir.

Eu conheci o Whindersson em 2019 e a nossa amizade se consolidou em um dos muitos momentos difíceis que ele já viveu. Na ocasião, ele me disse estar perdendo a sua fé. Sou uma mulher trans, cristã e, na minha história, carrego marcas profundas, cicatrizes que ganhei por ser quem sou em uma sociedade violenta, que todos os dias está disposta a nos ferir. Passei por muitas coisas e, nesse dia, conversamos, eu e o Whindersson, por horas. Contei a ele a minha história e toda a experiência que tive e tenho com Deus através da minha fé. Depois, ele me disse que foi essa nossa conversa, e principalmente o meu testemunho, que o reconectou com a sua fé.

A sensação que eu tenho é a de que esse diálogo ainda está acontecendo em algum lugar dentro de mim. Volto a ele sempre, porque quem recuperou a fé, naquele dia, fui eu. Naquele momento, eu vi como é forte e importante contar a nossa história. Era uma época em que o Whinderson já havia passado por muitas coisas, muitas questões difíceis, mas nem imaginávamos o que estava por vir. E se algo que eu disse, naquele dia, ao relatar a minha história, o ajudou a ter a fé inabalável que ele tem hoje, já me sinto grata, pois sei que essa fé o move todos os dias para enfrentar, como um guerreiro, todas as dificuldades que a vida impõe.

Para mim, este livro tem a mesma força que a conversa que tivemos anos atrás, a força de inspirar o leitor a reacender a própria fé. Ele escreve de uma forma tão pessoal que faz com que qualquer pessoa que o leia, independentemente de conhecê-lo ou não, sinta-se parte de uma conversa.

Os ensaios biográficos são divididos em diálogos e, desse modo, ele nos conduz a acompanhar passagens da sua vida que antes foram contadas pelas vozes de outros. Agora, pelo olhar dele mesmo.

O primeiro assunto é a passagem mais dolorosa da sua vida, a experiência recente com a paternidade, as expectativas, o luto e, sobretudo, o amor. Whindersson nos fala sobre o maior amor que alguém pode sentir, o de pai para filho, e o maior amor que podemos receber, o amor de Deus por nós.

Os capítulos seguintes remontam momentos de sua vida, antes dos holofotes, e abordam temas essenciais para entendermos quem é o Whindersson, como homem e artista.

Acredito no poder de transformação do diálogo e dialogar com ele, nesta obra, é uma experiência gigantesca. Quem é guerreiro vai se reconhecer nesta história. Mergulhar nas suas memórias e reflexões é um convite a olhar para dentro de si.

Eu me sinto muito abençoada por ter ao meu lado um amigo e aliado como o Whindersson, porque ele tem a capacidade de entender a dor do outro e usa do seu espaço de privilégio para acolher a dor dos outros e ajudar.

Caro amigo, hoje foi você quem novamente me ajudou a recuperar um pouco da minha fé. Fé de que o diálogo, a conversa e a empatia vão um dia mudar o mundo.

Rafa Vilela

PRIMEIRA CONVERSA

MEU FILHO, JOÃO

Meu filho será meu filho para sempre. Enquanto eu viver, ele viverá. Se eu tiver outros filhos, ele terá sido sempre o primogênito. O que, pela primeira vez, despertou em mim o sentimento de ser pai.

Antes de ele partir, ele ouviu a música que eu compus em meio a um turbilhão de sentimentos. Ele ouviu, sim. Eu sei disso. E é por isso que escrevi no twitter:

> *Filho, escrevi essa música no hospital, queria que você ouvisse na sua saída, atestando o maior milagre. E você saiu, não pra casa, mas pra melhor casa, ao lado do melhor. Te amo filho.*

A canção é a canção de um pai que mudou o seu interior para caber a mais importante história de sua vida, um filho. Ela também pode ser ouvida pensando em Jesus. Há uma mudança depois dela.

Foi só você chegar aqui
Pra tanta coisa mudar em mim
Se um dia eu já me senti só
Eu sei, faltava você
Se eu não tiver pra onde fugir

Se for difícil respirar
Que o fôlego de vida que há em mim
Meu Deus, coloque em ti
Você vai ver o nascer do Sol
E eu quero estar junto com você
Quando não der peixe no anzol
Que eu leve pra sempre
Que Ele é o farol
Cristo é o farol
Eu vou lembrar o que Ele fez por mim
Mesmo sem merecer
Nunca me abandonou
Tudo sempre está onde deveria estar
E Ele me deu você e tudo que ensinou
Você me ensinou o amor...

Uma canção é uma porta que se abre para que outras pessoas vejam o que sente o compositor. Eu abri a minha porta. Eu apresentei a minha dor. Ora falando, ora me silenciando.

Mas o fato é que sou pai. Sou pai do João Miguel.

Maria sonha muito com ele. E os sonhos são lindos. Como lindos foram os sonhos que nasceram dos nossos primeiros encontros.

Conheci Maria pela internet. Ela mandou uma mensagem, entre tantas que recebo e que não tenho condições de ler ou de responder. Mas algo me levou até a sua mensagem. Era simples, verdadeira, direta. Dizia que havia assistido aos meus vídeos, todos, e não havia mais nada para assistir. Dizia que eu fizesse outros, ela queria continuar me assistindo.

Fiquei curioso. Vi apenas a foto do seu perfil. Gostei da abordagem. Da cobrança bonita e da moça bonita. E me interessei por ela. A conversa foi ganhando condição de satisfação. Era bom ler, na simplicidade dos seus dizeres, que eu era importante para ela, em meio a várias coisas que ela me contava. E ela, nos meus dizeres, já se sabia importante para mim. Gostei do texto, do contexto, da entrega divertida de dois jovens sentindo a possibilidade do amor. Seu rosto me trazia paz, seu rosto me retirava de alguma dor que me incomodava na existência. A depressão nos traz incômodos.

E a conversa prosseguia. Até que nos encontramos. Ela chegou de calça jeans e uma blusinha de amarrar na frente. Tão menina, como já disse. Nos pés, um *All Star*. No ar, perguntas e mais perguntas.

Eu queria só ouvir a melodia da sua voz e a curiosidade sem peneiras. Gosto assim. Os ensaios podem atrapalhar os encontros.

Nada do que ela perguntava me incomodava, nada do que ela dizia me tirava a atenção daqueles instantes. O dia frio de julho nos aproximou mais, em busca de calor.

Mas eu falava do meu filho. E é por isso, também, que falo dela.

Decidimos juntos ter um filho. Planejamos juntos ter um filho. Nós dois e a força transformadora da nossa história.

Gostava quando ela brincava de ser criança e pedia, sem pedir, que eu a protegesse. Com os seus olhos, ela me chamava para o seu mundo. Com o meu desejo, eu fui.

Gostava do que ela causava em mim e ela sabia que eu gostava. O seu rostinho movimentava os meus movimentos. Passávamos horas conversando depois de assistirmos à vida que tínhamos.

"Maria, isso não é nada. Problema todo mundo tem. Olha o psicopata! Imagina se o nosso problema fosse a vontade de matar alguém, se nós acordássemos com um desejo incontrolável de fazer o mal. Se não é isso, o resto se ajeita." E ela ria o seu riso lindo que me devolvia a alegria do dia.

A vida foi me ensinando a beleza da adaptação. Todo mundo tem o seu jeito, o seu tempo, os seus medos e as suas necessidades de se entregar. Eu vivi plenamente nossa história de amor. No ontem rico que tivemos. Hoje, tenho as lembranças. O adeus precisa nascer da maturidade de compreendermos que depois de um dia vem outro dia, que depois de uma história, outras histórias prosseguem compondo o repertório das nossas vidas. Quando uma história de amor se acaba, uma história de amor se acaba. Apenas isso. O amor nunca acaba. E há muitas maneiras de prosseguir amando.

As lembranças dos dias em que éramos um prosseguem.

Ela gostava, quando eu cantava. Ela dizia que quanto mais feliz eu estava, mais eu cantava. Não sei se é, mas gostava que ela dissesse isso. Sei que também canto de tristeza, também canto de dor. Talvez as canções mais lindas nasçam da nudez de um dia de dor. Quando não há cobertas que nos cubram do frio.

Alguns dias, eu gostava de sair cedo da cama, treinar, trabalhar, produzir e voltar e beijar de surpresas o dia dela, ainda começando. E começávamos a conversar. Eu via que, quando ela conversava comigo, ela descobria outros mundos. Primeiro, que eu tinha consciência do tamanho do meu mundo e das possibilidades que eu fui cavando na vida para plantar uma vida que fosse bonita do meu jeito. Do meu jeito guerreiro, como diz a canção, como diz a tatuagem estampada no meu rosto e na minha alma.

Era bonito ver o brilho nos olhos de Maria, quando ela descobria mundos novos em nós. Uma das imagens mais bonitas que guardo é o sorrisinho quando ela via um novo lugar.

No início, ainda quando estávamos nos conhecendo, rodamos juntos o Brasil. Ela comigo, gravando 24 horas, todos os dias em um lugar novo. Eu via o rostinho de surpresa e o cansaço de uma vida muito estranha aparecendo... hotéis, hotéis e hotéis.

Tudo para ela era novo. Os olhos brilhavam. As comidas eram diferentes. O que para mim era rotina, para ela, era extraordinariamente novo. Conhecer cada tempero, saber cada prato, em cada lugar. Entender as gírias. Entender os estilos. De Blumenau, onde ela nasceu, para os tantos brasis que nos fazem tão ricos culturalmente. Cada povo tem seu jeito, e o meu jeito é fazer humor, é levar emoção, é fazer rir em cada canto onde eu possa estar.

Depois da turnê de trabalho, resolvemos passear. Maria e eu nos conhecemos na pandemia. Os lugares estavam fechados para brasileiros. Escolhemos, então, o México. Eu fui me encontrar com um dono de hotel, querendo discutir um projeto que pudéssemos fazer juntos. Já era fim do ano. Passamos juntos o ano novo. Era um lugar mais distante. O movimento estava mais tranquilo.

Passeamos de barco. Paramos o tempo para brincar de viver. Nos amamos muito, sem pressa e sem desperdícios. Ela, talvez, já estivesse grávida e não soubesse. Foi o nosso primeiro réveillon juntos. Éramos dois, ou talvez três, aguardando tempos melhores para todos nós.

Na despedida do João, demoramos a acreditar. A acordar de dias tão doídos.

Ela ficou sabendo que estava grávida em janeiro. Eu disse que era um presente de aniversário atrasado. O melhor presente da minha vida. Brincando, ela mandou eu ir ao quarto. Entrei sem entender. E entendi vendo uma caixinha de presente pequena — pensei: "Não é um videogame". Era o exame e a cartinha que dizia: "Você vai ser pai".

Eu fiquei sem entender no primeiro momento. Depois comecei a chorar. E depois fui tomar banho, e depois comecei a cantar. Ela disse para mim que, nesse dia, foi o dia em que eu mais cantei.

Não consigo descrever as imagens que foram passando pela minha mente, quando me soube pai. As lembranças da infância, os meus choros, menino do nordeste, os pés descalços criando forças para caminhar grande. Tudo isso em mim. A água lavando e levando embora qualquer sujeira que pudesse atrapalhar a felicidade daquele dia. E eu cantando.

Lembro que cantei Leonardo Gonçalves:

Hoje é domingo de manhã
Hoje o sol não quer brilhar
Tudo é solidão...
E elas vêm dizer: de madrugada ressurgiu
Não acredito em ilusões
O sol da justiça se apagou
O mundo inteiro viu
Os cravos em suas mãos, o seu corpo a sofrer
Sua morte lá na cruz não consigo entender
E agora este túmulo vazio, este anjo a questionar
Porque procuro entre os mortos quem vivo está
E hoje sou livre, pois Ele vive
Ele vive, Ele reina em mim, em mim
Morte e pecado foi derrotado
E eu sou livre, eu sou livre enfim, de mim
Como Jesus ressuscitou
Da morte eterna para a luz
Da água renasci
E faz sentido servir
Alguém melhor que eu
E hoje sou livre, pois ele vive
Ele vive, Ele reina em mim
E os que descansam no senhor
Quando voltar despertarão
E em sua carne enfim verão a Deus

Hoje sou livre, pois Ele vive
Ele vive, Ele reina em mim, em mim
Morte e pecado foi derrotado
E eu sou livre, eu sou livre enfim, de mim
Todos os dias de manhã
Quero renascer

São os mistérios que moram em nossa vida. A morte nunca venceu. Os que pregaram os pregos se prestaram a um triste papel. O amor é mais forte que as perversidades, que os ódios, que a escuridão. Eu cantava em um banho de bênçãos que caíam sobre mim. A notícia mexia comigo, "você vai ser pai".

E ela ouviu. E depois me disse o quanto eu estava feliz. Era o sonho de ser pai e o de ser mãe começando a acontecer. Rimos muito juntos. Falamos ao vento os nossos sentimentos. Não era tempo para grandes preocupações a não ser para a grande comemoração do milagre da vida crescendo dentro dela, crescendo dentro de nós. A coisa mais incrível que um ser humano pode fazer, além de existir, é gerar. E estava acontecendo pertinho de mim.

Em 6 de março, fizemos o chá revelação. Não sei por que meu palpite é de que seria uma menina. Era um menino. João ia desabrochando dentro de nós, pleno de amor.

Fizemos muitos ultrassons para ver o neném se mexendo. Parecia um Big Brother. Até os horários dos dias em que ele dormia dentro dela, em que ele acordava, em que ele se mexia. Tudo. Maria sabia todos os movimentos e me dizia tudo. Só depois eu percebi que nem todo mundo fazia ultrassom todo mês. Aliás, é triste saber que muitos não conseguem fazer nenhum.

Maria passou muito mal, sofreu muito durante a gravidez, e aguentou firme como em sua vida toda. Fora isso, tudo era expectativa. As roupas de bebê, nós já comprávamos antes de saber que ela estava grávida. Queríamos escrever, com os nossos gestos, o futuro que desejávamos ter: uma família.

O quarto do João começou a ser montado. Queríamos que ele se sentisse amado desde a chegada. Queria dar a ele o que eu tive e o que eu não tive. Passei muitas privações na vida, mas nunca me privaram do mais bonito de todos os sentimentos, o amor.

Foi quando, na vigésima segunda semana, ela foi ao banheiro e sentiu que algo estava errado. Ela sempre sentia as coisas antes e sabia das coisas. E, então, um barulho começou a sujar a nossa paz. Corremos para o hospital. Eu ficava pensando em estar sempre pronto para dirigir até o hospital. Pensava se eu estava indo o mais rápido ou se tudo dependia do meu pé. Um terror. Corria para cuidar de tudo. Para estar presente recebendo o maior presente da minha vida. E assim fomos. Tentando manter a calma com ela se contorcendo de dor.

Maria estava muito preocupada. Ela estava dilatada. E a dilatação não volta. E a médica temia que ele pudesse nascer antes do tempo. Nas perguntas sem respostas, pergunto, "o que é o tempo"? O que houve com nosso lindo tempo da espera? Por que o tempo não esperou o tempo um pouco mais? Por quê?".

Chamou o médico dela. Ele deixou uma palestra e foi correndo nos encontrar. Tivemos todo o cuidado, todos os recursos necessários. Sou grato a todos eles. E o João, então, nasceu, para ficar um dia comigo. Com ela, ele já estava há alguns meses. Eu pude vê-lo por um dia apenas, mas o amei e o amo por uma vida inteira. O inibidor, que ela estava tomando para ver se as contrações paravam e se ele ficava mais tempo dentro dela, não resolveu. Quando ele estava nascendo, eu botei a música do Alceu Valença, que ela tinha escolhido para ele chegar:

Na bruma leve das paixões que vêm de dentro
Tu vens chegando pra brincar no meu quintal
No teu cavalo
Peito nu, cabelo ao vento
E o Sol quarando nossas roupas no varal
Tu vens, tu vens
Eu já escuto os teus sinais

A voz do anjo sussurrou no meu ouvido
Eu não duvido já escuto os teus sinais
Que tu virias numa manhã de domingo
Eu te anuncio nos sinos das catedrais
Tu vens, tu vens
Eu já escuto os teus sinais

Eu já admirei muito o olhar de Maria quando via algo novo, mas, quando ela olhou para o João, foi o olhar mais lindo de todos.

Do nascimento, foi o que eu escrevi no twitter:

Ontem conheci o meu filho, e a primeira vez que encostei nele foi como se eu encostasse em um pedaço de Deus. Há tanto tempo eu não me sentia vivo. Ele, como diz no interior, é minha cara cagado e cuspido, até o pé é igual. Mas ele é bem pequeninho, porque veio um pouco antes do esperado. E, nessa hora, a natureza me mostrou um lugar que eu nunca estive, parado, e sem poder fazer nada, onde eu não tinha controle de nada. Só vê-la passar por tudo aquilo que nós ouvimos falar todos os dias, mas só passando mesmo pra saber.

Obrigado por ser tão forte pelo meu maior presente! Que ele seja forte como a mãe, e insistente como o pai. Que quando disserem que ele nunca lutou por nada, vamos poder responder que só pela vida, e graças a Deus e a energia de quem quer nosso bem, superaram tudo. Nós e o João, suas orações e energias positivas, obrigado pelo carinho. Com amor, Maria e Whind.

Ele precisava de oxigênio. Ele saiu rápido e foi entubado. Com 22 semanas, não chora, não respira. Teve que correr para a UTI. Eu corri junto. Chorando todo o tempo. Maria não pôde receber ele no colo, que era para onde ele deveria ir... Ela mais do que merecia depois de tanta espera. A vida e a morte são injustas.

Fui várias vezes à UTI do Hospital São Luiz e vi o meu filho entre os filhos de tantos que tinham a esperança de, como nós, levar para casa o amor de suas vidas.

De madrugada, o telefone tocou no quarto e pediram para que eu fosse lá. A voz ao telefone disse que ele não estava bem, que ele havia tido uma parada cardiorrespiratória e estava com alguma coisa no pulmão. Era difícil de compreender as informações. Eram vozes dizendo palavras que não combinavam com o que meu coração queria ouvir. Mas eu tinha que ser forte. Guerreiro, pois é?!

Eu tinha Maria para levantar. Coisa difícil de se fazer. Acordar do cansaço a mãe que gerou o filho e explicar que o filho, o João, não estava bem. E Maria teria que ser mais que guerreira para ouvir. Ela me inspira como guerreiro.

Caminho longo até ele. O tempo da dor é diferente! E lá fomos nós, nos despedir do maior amor da nossa vida. Ela pegou no colo, eu também. Eu coloquei a música para ele ouvir. Ficamos esperando lá fora e nada mais havia para fazer.

Pegamos João no colo, sem vida.

Foi o momento em que eu mais chorei em toda a minha vida, e esse momento dura até hoje. A Maria, também. Entre as incredulidades do que estava acontecendo, escrevi com fé no twitter:

> Deixai vir a mim os pequeninos, porque deles é
> o Reino dos Céus.

E nada mais havia para ser dito. Havia muito para ser sentido.

A dor de voltar para casa. A dor do desabamento de um sonho. A dor do adeus. A dor de voltar sem a criança e sem a barriga, depois de meses de esperança.

Ele foi cremado.

Tudo foi inédito. Nada disso havia acontecido, nem havia sido imaginado. Uma dor muito grande. Antes de ser pai, eu conheci a dor de perder um filho. Um pedaço de mim. Um alguém igual a mim.

Confesso que sempre me mantive muito crente de que tudo ia dar certo.

Durante a gravidez, eu dizia para a Maria que ela pensava nele como criança, nos seus brinquedos, nos seus primeiros passos. Já eu, pensava nele com mais de 20 anos, eu pensava se ele ia respeitar a mãe. Eu pensava nele como um rapaz feito. Preocupado se ia ser uma pessoa legal.

Minha preocupação não era que ele tivesse problema. Era que ele compreendesse que todo mundo tem problema. Os problemas sempre fizeram parte dos meus dias, das minhas convivências, por isso sou tão avesso a julgamentos, prefiro os acolhimentos.

Na época, dizia que se nós tivéssemos um outro filho, seria o nosso segundo filho. Isso nós sabíamos. Isso estava inscrito em nossos pensamentos. A gente falava pouco sobre esperar um outro filho. Falávamos de ajeitar a cabeça. Não era um para substituir o outro. O outro vai existir para sempre.

Maria sonhava sempre com ele. Ela sonhava que estava com ele no colo. Eu perguntava se viu, se olhou para o rosto, se ele tinha cabelo. Quando eu sonhava, eu não conseguia ver direito. E ela falava que conseguia ver tudo nele. E toda vez que sonhava era um amor muito grande. Era só coisa boa. Nada era ruim nos sonhos que revelavam o sonho não realizado de ter com ele, nosso filho, uma família.

Durante o dia, com alguma frequência, falávamos dele. Fazia parte do nosso dia a dia. Eram três pessoas. Tinha hora do dia que ele acordava, que se mexia, que eu colocava a mão. Eu sentia uma cambalhotona. Eu morrendo de inveja da Maria, porque ele estava nela 24 horas por dia. Eu fui pai por muito pouco tempo. Não. Eu sou pai.

Quem sabe ele só tenha querido conhecer a gente. E, então, ele foi brincar em um outro lugar. É isto que Maria disse:

"Sou mamãe do anjo João Miguel."

A compreensão e a incompreensão andam juntas. Acho que não segurei a barra. Não consegui ser o que eu deveria ser. Vou pensar muito tempo nisso.

SEGUNDA CONVERSA

EU JÁ FUI CRIANÇA

Meu pai, Hildebrando Sousa Batista, pediu a mão de minha mãe, Valdenice Nunes, ao meu avô, Antonio Vieira.

Meu pai trabalhava com o meu avô e chegou com uma conversinha melosa. Quando disse que tinha a melhor das intenções com a filha, que queria se casar, meu avô quis saber, mesmo sabendo, com qual delas seria. Meu pai, galanteador, respondeu: "com a mais bonita".

Minha mãe conta que meu pai inventou um monte de histórias para ganhar a atenção dela, para impressionar. Ela se impressionou foi com ele. E estão prosseguindo juntos. Ele nasceu em Palmeira do Piauí. Ela, em Santa Luz.

Meus avôs maternos, Antonio Vieira e Valdenilde (Dona Miúda), tiveram 7 filhos. As lembranças que guardo são simples e são bonitas. Como a hora do terço, às 18h, quando ela ouvia o rádio cantando: "No primeiro mistério, contemplamos... no segundo mistério, contemplamos... no terceiro mistério, contemplamos...", eu tenho a melodia dentro de mim e a sua expressão de fé diante de um rádio de pilha, porque eletricidade não havia na casa. Só na gente, só dentro da gente.

Outra lembrança desse universo sacro eram as pessoas que passavam na porta vendendo imagens de santos. Santa Luzia, com os seus olhos nas mãos, São

Sebastião e o seu sofrimento estampado na imagem amarrada de um jovem soldado, Santa Rita e a sua expressão de bondade e os outros. Ela atendia, ouvia as histórias e não comprava nada.

Minha avó armazenava a água em pneus, porque água encanada não havia. A roupa, ela lavava nas pedras. O quintal, ela varria em silêncio, prestando atenção nas sujeiras do mundo. Tudo simples. Só tínhamos o necessário. Não por opção, mas porque a gente nem sabia que tinha direito ao mundo.

Guardo as lembranças de tomar leite, logo depois da ordenha. E de comer beijú, vulgo biju em São Paulo. E de tomar a benção da minha avó. Meu avô era plantador, roceiro. Plantava feijão. Plantava o que fosse necessário para alimentar os filhos. Era meio zangado, sei lá. Conversava pouco, do que me lembro. Teve momentos em que eles tiveram algum dinheiro; em outros, não. Por isso sou esperto, cresci escutando: "Seu avô foi muito rico", e eu pensava, "Quando eu for, vai ser para sempre".

A vida no interior do nordeste melhorou só recentemente. A valentia morava dentro da gente para enfrentar o que tínhamos que enfrentar. Eu dizia a ele: "A bença, vô", e me sentia abençoado.

Lembro de uma fita cassete em que, no seu aparelho de pilha, ele ouvia uma música que se chamava "Carta de um presidiário":

Todo dia fico ouvindo de domingo a domingo
Aquele programa que passa na rádio
Que deixam as mães mandarem recados

E eu distraído outro dia
Quando alguém disse alô: é a dona Maria
Daí você falou meu nome
Eu nem acreditei e pulei de alegria
Mãe, eu tenho tantas novidades pra gente
Sabe, eu ganhei uma bíblia de presente
De um pastor que vem aqui nos ensinar
Que Jesus Cristo é o caminho
Mãe não se esqueça de orar pela gente
Deus está te ouvindo eu tô tão diferente
Nem pareço aquele filho que tanto te fez chorar
Me espera mãe que em breve eu vou voltar
De dentro de uma cela mãe te escrevo essa carta
Minha saudade é grande, mas em breve ela passa
Me lembro com carinho do almoço de domingo
Meu pais se alegrando com seus filhos reunidos
Os erros da minha vida me trouxeram até aqui
Mas isso não será motivo pra eu desistir
Pois conheci um Deus que tudo pode transformar
Em breve eu tô voltando, mãe
Pronto pra recomeçar
De dentro de uma cela mãe te escrevo essa carta
Minha saudade é grande, mas em breve ela passa
Me lembro com carinho do almoço de domingo
Meu pais se alegrando com seus filhos reunidos
Os erros da minha vida me trouxeram até aqui
Mas isso não será motivo pra eu desistir
Pois conheci um Deus que tudo pode transformar
Em breve eu voltando, mãe
Pronto pra recomeçar
Em breve eu voltando, mãe

Eu ouvia a música e ficava prestando atenção na história. Como tem sofrimento no mundo. Como os erros nos levam a lugares difíceis e como, nos difíceis lugares, a fé acende alguma esperança. Os recomeços. Os que não abandonam aqueles que caem na beira da estrada. Como é bonita a parábola de Jesus sobre o Bom Samaritano. O que viu o homem jogado, sofrido e cuidou dele.

Lembro dos cuidados e lembro das brigas, também. Das brigas entre eles. A dureza da vida, muitas vezes, nos tira a razão; outras vezes, fortalece o nosso caráter para a compreensão de que a vida é luta. E que precisa de coragem. Minha mãe foi a terceira filha. Tia Toinha (Antonia), Ivaldo, Raimundo e Valdenolia são os seus irmãos.

Meus avós paternos são o João Pequeno, e eu me sinto muito parecido com ele, e a Cirenia. O João parecia com ele. Ele também era um trabalhador rural. Teve uma época em que foi muito rico, para a região. E, depois, perdeu um tanto. Sofreu a vida dura da seca e das perseguições políticas. Ele era baixinho e muito carinhoso com minha avó. Fazia tudo por ela, e às vezes ela mesma dizia que não era necessário tanto agradar, mas ele insistia. Lembro dele fazendo uma vassoura para ela. Coisas simples ficam guardadas por mais tempo dentro da gente.

Tiveram doze filhos, Geovania, João Batista Neto, Digesu, Rosângela, Eulália, Hildebrando (meu pai), Dorinha (Teodora), Fátima, Aparecida, Jorenea, Arlete e José Odon.

Meu pai sempre foi um exemplo de empreendedor. Fazia de tudo. Para tudo dava um jeito. Comprava, vendia, ajudava. Vendia remédio e tirava o CPF para as pessoas. Ajudava a declarar o ITR — Imposto Territorial

Rural. No interior, é tudo mais difícil e tudo mais fácil. Falta muito e sempre tem gente para ajudar com o que falta. Meu pai era um ajudador na resolução desses problemas. Ele tinha uma moto que o levava de um lugar a outro, resolvendo pendengas da vida dos outros. Ele estudou. Ele é professor de matemática.

Minha mãe é a típica mãe preocupada, cuidadora, chorona, inteira na vida dos filhos. Dos quatro filhos. Tenho três irmãos: Hidelvan, Harisson e Hagda.

Com Hagda, vivi um dos primeiros grandes medos da minha vida. Que ela fosse embora, que ela não resistisse à operação do coração, quando era pequena. Convivo com a morte desde sempre.

Fiquei com minha avó, com poucas notícias. Eu era criança, não entendia bem. Deu certo. Não perdemos Hagda. Seu coração ainda bate e bate forte.

Tenho uma lembrança de infância que alguns dizem que é impossível de se ter. Mas eu tenho. Vagamente, mas tenho. Eu lembro de mim, dando os primeiros passos, entre dois sofás. Colocando uma mão em cada sofá e ouvindo que eu não iria conseguir. E eu conseguindo. Os meus primeiros passos no mundo grande em uma casa do interior do Piauí. Meus irmãos dizem que é mentira, mas é verdade, sim!

Dormíamos todos os irmãos no mesmo quarto. Nossos pais, no outro. Minha mãe nos ensinou batendo. Era assim que se usava, naquele tempo, o pouco tempo que se tinha. Meu pai ficava muito tempo fora e cabia a ela não deixar o caldo entornar. Palmeira é uma cidade pequena no nordeste brasileiro. Uma cidade em que as brincadeiras eram produzidas por nós mesmos. Algumas violentas como o "cuscuz". Eu fazia o meu próprio peão e os meus primos faziam os deles e os amigos, também. E fazíamos com madeira de pé de goiaba. Que é mais firme. E, então, brincávamos. E jogávamos bola, no quintal. Minha avó não gostava. Se a bola caísse lá dentro, ela pegava, rasgava. E ralhava. Furava com a faca e jogava no fogo. A bicha era bruta. Sem compaixão com os nossos olhos pidonhos. Mas rancor não havia. Era cedo, quando nos sentávamos para jantar. E já estava tudo bem. As lamparinas e as velas que nos iluminavam precisavam ser apagadas para que não fossem gastas. O fogo se misturava ao fogo do fogão a lenha. E, no calor da cidade, nos aquecíamos com o calor da vida de dentro de casa.

Cuscuz, mandioca, abóbora cozida, escaldado. E tudo bem acompanhado. Sempre muita gente.

Tive os meus medos e ainda os tenho. Mas os medos de infância são os que povoam a mente da gente com histórias que a oralidade nos traz. Eu tinha medo do Pé de Garrafa, uma lenda do sertão, um homem cabeludo, cujos gritos pareciam coisa de outro mundo. Quando ele ia se aproximando, era possível ouvir o som das garrafas. Tinha medo de Lobisomem, também. Era curioso para ouvir as histórias e medroso para dormir com elas. Um dia, tive tanto medo que mijei dentro do quarto, no cantinho, para não ter que sair para mijar lá fora, porque não tinha banheiro.

Infâncias moram dentro da gente, e eu não reclamo da minha. Na pobreza, encontrei dias felizes. Na simplicidade das pequenas cidades onde nasci e morei criança, comecei a desenvolver uma qualidade que tenho a certeza de que me ajuda a ser quem sou: prestar atenção nas pessoas.

TERCEIRA CONVERSA

SOBRE ESCOLAS E COMPUTADORES

Estudei em escola pública. Primeiro, na Escola Maria Aristeia, depois na Escola Joaquim Parente e, por fim, no Colégio Agrícola de Bom Jesus, já no ensino médio. Lembro de ter apanhado. Lembro de ter sofrido para aprender. Lembro de nunca ter deixado morrer minha curiosidade.

Na Escola Joaquim Parente, havia um computador grande, que ficava na Sala de Vídeo. Era como um tesouro guardado a muitas chaves. O vigia, com seu porte de homem poderoso, magro de tanta cachaça, ia, munido de um molho de chaves, abrir a porta. "Ele chegaia vermelho." E, depois, fechar para que não houvesse a menor possibilidade de alguém furtar o computador, a televisão ou o videocassete. Ele sabia que os meninos eram o cão.

Eu tinha por volta de 12 anos quando eu ficava teclando e digitando o meu nome. Errava. E tinha que apagar tudo. Até que aprendi que era diferente de máquina de escrever com papel. No computador, era só corrigir. Mal sabia eu, naqueles dias de calor, que aquela máquina continha poderes secretos para mim, que mudariam completamente a minha vida.

Com frequência, eu ia até a casa de um primo que se chamava Sávio. O pai dele, irmão do meu avô, trabalhava em um banco. E eles tinham computador em casa. Havia um CD que representava o mundo. Você clicava no mapa e aparecia o lugar. Era uma foto grande com um pequeno vídeo e algumas informações. Clicava na Grécia e lá estava a Grécia. Clicava na Turquia e via o vídeo da Turquia e as explicações sobre a Turquia. Era mágico demais. Sávio era mais viajado. A cor do computador era cinza. E tinha uma luz azul, que dava um cheiro de tecnologia. Era um computador grande, mais bonito do que o da escola. O da escola era bege, bege de sujo mesmo.

Na escola, eu já era comunicativo. Naquela época, muita gente aparecia para vender coisas na sala de aula. Vendia rifa, vendia raspadinha. Se vendesse todos, ganhava um Discman. Ou um urso gigante. Ou, então, um kit de desenho. Eu, malandro, vendia tudo. E dizia que perdia o dinheiro. Eu sabia que era criança e crianças perdem as coisas. Eu também não achava justo usar 40 crianças para vender por eles. Eles que vendessem.

Como todo mundo, eu já me senti, muitas vezes, burro. Tenho uma lembrança, entretanto, de uma professora de artes que olhou nos meus olhos e disse que eu tinha um talento especial. Que eu tinha um dom. Aquela fala falou dentro de mim. Professores têm muito poder. Às vezes, nem se dão conta disso. Mas eu olhei para ela nos olhos e disse: "Eu sou esforçado, professora". Ela viu o desenho, mas só eu via meus esforços.

Desses tempos de Bom Jesus, recupero cenas que vivem em mim. Eu ficava na rua vendo um professor dar aula de guitarra. Joarley era seu nome. Quando o aluno saía e ele saía na porta, eu começava a perguntar. E ele respondia. Mal sabia que passava horas ali tentando aprender o que outros, talvez, não valorizassem.

E ele tinha paciência em me explicar. A música ia entrando em minha vida. Magicamente.

Como disse, na casa dos meus avós não havia nem água, nem luz, nem nada. E meu avô, pai da minha mãe, tinha o hábito de jogar as pilhas usadas do rádio no mato. E uma das nossas diversões de criança era tentar encontrar as pilhas usadas.

Foi naquele rádio do meu avô que eu ouvi, pela primeira vez, Michael Jackson, Felipe Dylon e Pepe Moreno. Como eu não tinha muita noção e era privado de informações, eu achava que os três estavam brigando para ver quem tocava mais. E ficava contando as aparições de cada um no rádio de pilha do meu avô. E as músicas vinham depois do terço da minha avó. Tudo combinando com o crepúsculo, e com o canto solitário do acauã. Dizem que é um presságio de morte. Canto triste aquele na hora do dia em que não é mais dia. O despedir dos dias no sertão, sem luz elétrica, sem barulhos que não os da natureza.

Em mim, um barulho me levava para um outro lugar. Fui eu sozinho tirar a identidade, fazer a inscrição e entrar no disputado Colégio Agrícola do Bom Jesus. Foi lá que nasceram meus primeiros vídeos.

QUARTA CONVERSA

NA IGREJA, COM OS IRMÃOS

Eu tinha por volta de 8 anos quando comecei a frequentar a Assembleia de Deus. Gostava de ver os crentes cantando, gostava de ouvir as pregações e as pessoas em silêncio. E o silêncio quebrado pelas orações. As bonitas expressões de fé. Um crente dobra os joelhos e entrega a Deus a sua vida. Não que sejam todos eles santos ou perfeitos. Na Igreja, eu fui vendo isso, também.

De repente, alguém que tinha alguma importância desaparecia. "O que houve com fulano?" "Ah, você não sabe?! Saiu com a filha do pastor, uma mulher casada. Ele era, também." Enfim, em todos os lugares, há todos os tipos de pessoas, de pecados e de pecadores. Mas eu gostava do ambiente. Eu gostava do clima naquele espaço de fé.

Foi na Igreja que eu aprendi a tocar violão. Olhando. Imitando. Prestando atenção. A primeira música que aprendi a tocar, porque é tocada com notas musicais mais simples e é muito bonita, foi essa:

Todos necessitam de um amor perfeito
Perdão e compaixão
Todos necessitam de graça e esperança
De um Deus que salva

Cristo move as montanhas
E tem poder pra salvar
Tem poder pra salvar
Pra sempre autor da salvação
Jesus a morte venceu, sobre a morte venceu
Me aceitas com meus medos, falhas e temores
Enche meu viver
A minha vida entrego pra seguir teus passos
A ti me rendo
Cristo move as montanhas
E tem poder pra salvar
Tem poder pra salvar
Pra sempre autor da salvação
Jesus a morte venceu, sobre a morte venceu
Cristo move as montanhas
E tem poder pra salvar
Tem poder pra salvar
Pra sempre autor da salvação
Jesus a morte venceu, sobre a morte venceu
Possa o mundo ver brilhar a luz
Cantamos para a glória do Senhor Jesus
Possa o mundo ver brilhar a luz
Cantamos para a glória do Senhor Jesus
Cristo move as montanhas
E tem poder pra salvar
Tem poder pra salvar
Pra sempre autor da salvação
Jesus a morte venceu, sobre a morte venceu
Cristo move as montanhas
E tem poder pra salvar

Tem poder pra salvar
Pra sempre autor da salvação
Jesus a morte venceu, sobre a morte venceu
Possa o mundo ver brilhar a luz
Cantamos para a glória do Senhor Jesus
Possa o mundo ver brilhar a luz

E eu tocava, repetidamente, a mesma música, menino, conhecendo pouco do significado da letra e tateando a beleza da fé, da energia que sai das pessoas e que leva as pessoas a algum lugar sagrado.

Naquele tempo, no interior do Piauí, era muito difícil encontrar um violão. Ninguém tinha. Não havia loja que vendesse violão. E, na Igreja, havia violão.

A primeira vez em que fui, foi a convite de um amigo da escola, Jorge. Eu fui, porque sempre fui meio nômade. Sempre gostei de ir andando, de grupo em grupo, e conhecendo as diferentes galeras.

Eu queria sondar a tal da Assembleia de Deus. Ver quem eram as pessoas que estavam lá e porque estavam lá. O que faziam. E como faziam. Eram jeitos diferentes. Roupas diferentes. Uma fala diferente, também. É isso que eu acho rico no mundo, é tudo muito diferente e tudo tem, de outro lado, algo em comum.

O missionário falava bem. E explicava bem o que eu não conseguia compreender. Eu, às vezes, curioso, perguntava. E ele era atento. Acho que o que faz uma Igreja crescer é a atenção que os seus líderes dão ao povo. É de acolhimento que as pessoas precisam e eu me sentia muito acolhido. E ficava pensando nas histórias da Bíblia. A Bíblia não é fácil de ser compreendida, tem a sua linguagem, retrata muitos tempos diferentes. São contextos que se não forem entendidos não dizem nada. Jesus e a mulher samaritana. Que história linda! Eu ia pra casa pensando naquela conversa, naquele dia, naquele poço. O horário que Jesus escolheu para encontrar, exatamente, aquela mulher.

E, muitas vezes, eu sentia que o espírito bíblico estava presente naqueles irmãos que oravam ali. Entre os músicos, eu via muita cooperação. Um ajudando o outro. Nada de disputas, apenas um bonito sentimento comum de partilha de vidas, de caridade.

Era um irmão que perdeu uma casa e os outros irmãos se oferecendo juntos para construir a casa. Quem sabia ser pedreiro comandava, quem não sabia ajudava mesmo assim. Para mim, o que há de mais bonito em qualquer religião é a caridade.

Mas eu estava dizendo que foi lá que aprendi a tocar violão. O meu amigo virou amigo do filho de um missionário que havia chegado de Brasília e que tinha violão. Imaginem eu, moleque, maravilhado com aquele instrumento.

Outra música que aprendi e que ruminei muito o seu significado, eu cantava assim:

Eram cem ovelhas, juntas no aprisco
Eram cem ovelhas, que amante cuidou
Porém numa tarde, ao contá-las todas
Lhe faltava uma, lhe faltava uma e triste chorou
As noventa e nove, deixou no aprisco

E pelas montanhas, a buscá-la foi
A encontrou gemendo, tremendo de frio
Curou suas feridas, pôs logo em seus ombros e ao redil voltou
Esta mesma história, volta a repetir-se
Pois muitas ovelhas, perdidas estão
Mas ainda hoje, o pastor amado
Chora tuas feridas, chora tuas feridas
E quer te salvar
As noventa e nove, deixou no aprisco
E pelas montanhas, a buscá-la foi
A encontrou gemendo, tremendo de frio
Curou suas feridas, pôs logo em seus ombros e ao redil voltou

Eu ruminava, como disse, em mim, o significado dessa música? Quem é esse pastor que tendo 100 ovelhas se preocupa com apenas uma? Que sabe que cada uma é importante? Que não se descuida de nenhuma delas? A vida foi me ensinando a fazer o mesmo. A não virar as costas para as pessoas, a não me distrair com fofocas e nem me alimentar de picuinhas. O pastor cuida das ovelhas, cuida dos ferimentos das ovelhas, dos seus medos.

Vi o povo construindo a Igreja, colocando a mão na massa, erguendo as paredes. Nunca me iludi com essa bondade. Como disse, eu entendi que, ali, também havia pessoas boas e preferia andar com as boas. Quando eu vi mais ruindade que bondade, eu saí.

QUINTA CONVERSA

DE BOM JESUS PARA TERESINA

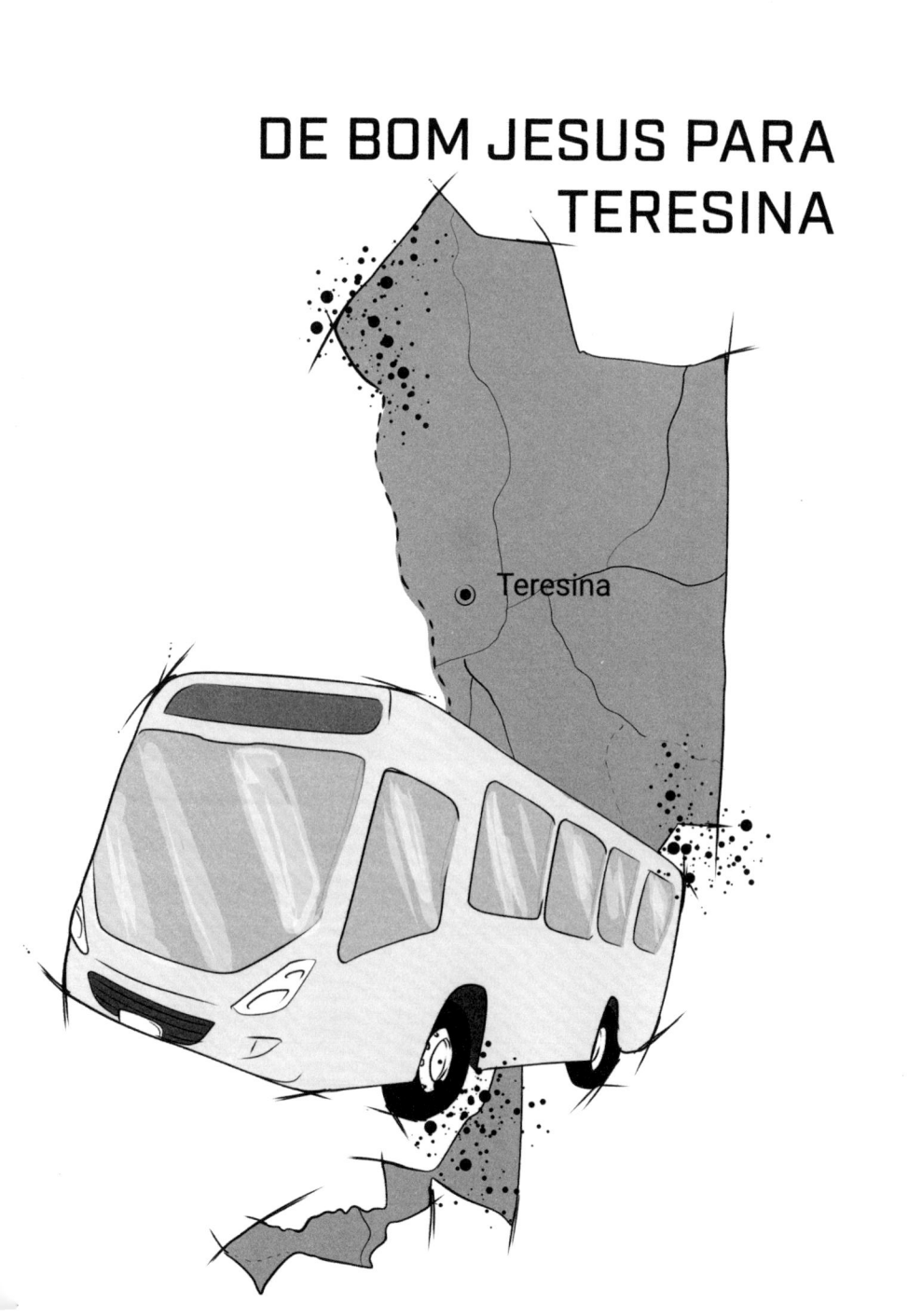

Terminei o Ensino Médio e decidi mudar para Teresina. Era preciso incrementar os meus vídeos, abrir os horizontes. E, então, resolvi me mudar para a capital do Piauí.

Havia conhecido pela internet um amigo, Bob Nunes. Ele tinha um canal de comédia no YouTube, era um pouco mais velho do que eu, moleque também, e resolvi aceitar o convite de morar na casa de um amigo dele até me ajeitar. Convite feito por mim mesmo. Quando cheguei lá, a mãe do amigo não sabia e foi uma surpresa, mais uma boca para comida pouca que havia na casa. Morei com Bob mesmo. Por seis meses, morei com ele e com a sua família.

Mas dinheiro eu não tinha nem para a viagem. Resolvi dizer no comércio que eu ia participar de um programa de televisão no Piauí, e fui pedindo um pouco de dinheiro em cada loja. A passagem custava 90 reais. Só havia conseguido 40 reais quando o irmão Joab, da Igreja, me deu 50 reais, e então eu comprei a passagem. Nem em casa eu disse que estava me mudando. Fui na coragem de crescer. Nem sabia se ia mesmo, ia ver lá.

Quando eu estava sentado no ônibus para partir, meu pai entrou. Ele estava viajando a trabalho, e eu não havia me despedido dele. Ele entrou e me deu 20 reais para ajudar nas despesas. Alguma coisa aconteceu na viagem que eu perdi os 20 reais e cheguei em Teresina sem nenhum tostão. Pedindo ajuda, eu dizia: "Moço, não tenho dinheiro. Pelo amor de Deus, me ajude!". Ai me deram R$ 2,25, e encontrei a casa do Bob.

Em Teresina, eu já havia ido a um programa falar dos meus vídeos. Era a TV Cidade Verde, filial do SBT. Fazia a minha graça, falava do meu povo. Eu observava uma página no Facebook que chamava "No Piauí é assim..." e sentia dentro de mim que, para crescer, eu tinha que mostrar a minha identidade, o meu jeito piauiense de ser. Era de mim que eu precisava rir, das minhas dúvidas, dos meus medos, da minha forma de compreender o mundo. Teresina seria um outro campo de observação. O problema era a absoluta falta de dinheiro. O resto, eu tinha. Eu sabia que podia fazer mais, por observar mais as pessoas.

No ônibus de Bom Jesus a Teresina, entrava todo tipo de gente e todo tipo de cheiro. Tinha muito velho e velho tosse muito em viagem. O ônibus saía à noite de Bom Jesus e chegava no outro dia em Teresina. E os cheiros eram os cheiros de salgadinho, de tangerina, de marmita de todo tipo de comida. E eu lá. Pensando na minha mãe que ficou enlouquecida, porque não era costume nosso viajar, a não ser para a casa dos meus avós. Quem viajava a trabalho era meu pai. Mas lá fui eu. O caminho pro sucesso eu descrevo assim: você só chega lá tossindo e fedendo.

Meu pai já conhecia Teresina. Eu, não. Cheguei na rodoviária e falei com o Bob. Ele explicou o ônibus que eu tinha que pegar. Explicou os letreiros e em qual ponto eu tinha que descer. Entrei com uma mala grande. Como eu disse, eu ia ficar na casa de outro amigo. Mas a mãe me mandou embora. O Bob morava com a avó, as irmãs, o marido de uma das irmãs e a filha. Todo mundo junto.

Eu ligava pouco para casa. Minha mãe perguntava quando eu ia voltar, e eu ia emendando uma desculpa na outra, até que ela foi se acostumando com a nova vida que eu havia abraçado. Chega uma hora que o passarinho quer voar, que o passarinho precisa voar. Mesmo que não se ensine.

Depois de seis meses na casa do Bob, fui morar em um quarto do Queiroz, na Praça do Itaperu. Queiroz era um homem que tinha alguns imóveis, que alugava alguns quartos. Perto, havia ponto de ônibus e mototáxi. Eu geralmente ia de ônibus, o dinheiro era pouco. Tão pouco que, às vezes, o Queiroz via que eu estava com fome e chegava com um pedaço de carne na mão e, na outra mão, uns gomos de tangerina. A boca do Queiroz ficava meio engordurada, como se ele já tivesse dado uma mordida na carne que iria me dar, no trajeto do bar até a casa. Hoje, eu até dou risada, mas, na época, fácil não era.

No quarto, adotei uma cachorra, Minerva. Sempre gostei de cachorro. Tinha dia que eu não sabia se dava comida para ela ou se comia eu. Tinha dia em que tinha que escolher a refeição que eu ia fazer. O dinheiro era pouco. Eu ganhava 600 reais do YouTube e pagava 400 reais de aluguel. Quando comecei a ganhar dinheiro, algo em mim dizia que iria aumentar sempre. Fui entendendo os mecanismos da internet e intuindo que eu nunca voltaria para trás. Que as coisas dariam certo, era só uma questão de tempo.

Em Teresina, revivi a lembrança do tempo da infância, quando eu havia ficado no interior, na casa dos meus avós, aguardando a notícia da cirurgia no coração que a minha irmã estava fazendo na capital. Eu e os dois velhos. E a reza. E o silêncio. E os poucos livros que eles tinham. Lembro que li um livro inteiro de física e um de matemática sem entender muita coisa, ou nada mesmo. Talvez por isso eu não goste muito de ler para passar o tempo. Na solidão de Teresina, a lembrança de outros dias de solidão. A vida tem os seus recortes, as suas fotografias e, vai e vém, elas pulam da caixa de memórias, que fica dentro da gente, e forram os chãos difíceis em que temos de andar e nos dão segurança.

Fiquei um ano nessa casa em Teresina e, depois, em um show que fui fazer em Fortaleza, conheci o João Neto, que ainda hoje trabalha comigo na criação. E, então, deixei o Piauí e fui viver em uma bela cidade do interior do Ceará, Sobral.

Em Sobral, outra tribo, outras visões de mundo, outro mundo de possibilidades para observar, para imitar, para transformar em arte.

A casa era como se fosse uma república, Kaio Oliveira, Saulo, Enderson e eu, todos fazedores de vídeo, todos buscando o seu jeito de fazer a arte.

De Sobral, mudei para São Paulo. Sobral era um resistir, um medo, antes de vir para São Paulo, a grande cidade. Era preciso romper os cordões de segurança e mostrar ao mundo o que havia dentro de mim. E comunicar a minha arte. O meu jeito de ajeitar o mundo das pessoas. Em São Paulo, as seguranças ficariam mais inseguras, e era o momento de conhecer outra galera.

Quando mudei para São Paulo, já eram duas escolas, Piauiense e Cearense. E eu e o nordeste inteiro dentro de mim para viver a maior das nossas cidades.

SEXTA CONVERSA

NOS PALCOS

Gosto de fazer shows. Talvez seja o que eu mais goste de fazer na vida. Subir em um palco, observar as pessoas e entregar o que eu sou e o que eu sei para elas. Gosto de pensar que elas saem de casa para me ver, que trazem suas expectativas, seus sofrimentos, seus cotidianos e vão chegando para participar de alguns instantes mágicos nas nossas vidas. Na vida delas e na minha. Porque o show pode ser o mesmo em cidades diferentes e até em países diferentes, mas é sempre único. A experiência de subir em um palco e de contar histórias é sempre única. Tudo pode acontecer. Eu posso esquecer um texto, alguém pode brigar na plateia. Eu posso imaginar que alguma piada será muito engraçada e, para aquele público, aquela piada mais emociona do que faz rir. Porque as piadas nascem de histórias vividas.

As pausas que eu dou entre uma história e outra também são diferentes. Eu estou diferente a cada dia, isso eu aprendi e aprendo todo dia. E é por isso que eu não me canso dos shows. Porque, definitivamente, são diferentes, são desafiadores. E sou eu ali, inteiro, nu, sem outros recursos que não eu mesmo. Se eu tossir, eu não posso editar. Eu tenho que me desculpar da tosse ou criar algum enredo para aquela tosse no meio do show. Se eu soluçar, a mesma coisa. Eu primo muito pela qualidade do som, pelo conforto dos espaços para que as pessoas se sintam bem, mas nem sempre tudo é perfeito. E isso, também, é fascinante. A piada é o instante, e eu o acho sempre. Bom nem sempre, mas na maioria das vezes.

Fui aprendendo a beleza e a riqueza desse país tão diferente. O público de Belo Horizonte não é o público de Porto Alegre ou de Manaus. As reações são diferentes, o comportamento também. E isso não é um problema, é um desafio alimentador de possibilidades.

Fora do Brasil, os desafios são outros. Tem um cheiro de saudade de casa de tantos brasileiros que moram em cantos tão distantes de nós. Na turnê internacional de 2019, antes da pandemia, eu vi os rostos dos muitos brasis em Portugal, na Espanha, na Suíça, na Irlanda, na Inglaterra, na França, na Noruega, no Japão, nos Estados Unidos, em Moçambique. Moçambique foi um capítulo à parte, um país que mexeu profundamente comigo. Um povo que fala a mesma língua que falamos e que disfarça a dor, o sofrimento, com a alegria. Nunca vou me esquecer do que vivi naquele país.

Fui fazer um show em Maputo, a capital. Fui recebido com um carinho impressionante. Fiz um giro pelas emissoras de tevê e rádio. As pessoas me tratavam como um astro, como um Tom Cruise, sei lá. Acenavam nas ruas, tiravam fotos, perguntavam sobre o Brasil e sorriam sem nenhum esforço. Quanta alegria tem aquele povo!

Na capital da província de Sofala, houve um ciclone devastador que deixou 90 mil pessoas sem casa. O nome da cidade é Beira. Resolvemos ir até lá. Eu queria ver aquele povo e entender o que eu poderia fazer por eles. Quando eu cheguei e vi aquela gente dançando e cantando e me recebendo com festa, com frutas e com sorriso, aquilo abalou o meu psicológico. Como eles conseguem tanta resiliência, como eles encontram alegria em tanta privação?

Fiquei lembrando das cidades do Nordeste. Das capitais e das cidades pequenas. Quanto mais para o interior, mais pobreza, menos cuidados. A saúde é mais difícil, o cumprimento das normas é mais difícil. Na capital, você raramente vê um jovem andando de moto sem capacete. No interior, além de não usar o capacete, o menino é menor de idade e leva a avó crente para o culto. E, depois, vai queimar pneu sozinho.

No caminho de Maputo até Beira, vi um homem andando nu na estrada. Olhei por todos os lados e não havia ninguém. Nem uma casa, muito menos uma vila. O que aquele homem estava fazendo daquele jeito, sozinho, sem roupa? A guia que nos acompanhava não se impressionou com a cena nem com a minha angústia, e respondeu que naquela terra as pessoas pobres têm que escolher quem come e quem não come na casa, quem tem roupa e quem não tem roupa. Falou dos sofrimentos das pessoas com deficiência, da falta de merenda nas escolas, da vida dura daquele país tão parecido com a gente.

Eu fiquei com um buraco dentro de mim. Fiquei querendo entender o porquê de ninguém fazer nada. E o que eu poderia fazer? Parar? A guia disse que não era problema e nem culpa minha. Até hoje, eu penso sobre o que seria certo ter feito. Acho que é culpa minha, sim! Eu, sabendo que não tinha o poder de arrumar um país inteiro, resolvi arrumar uma escola que havia sido detonada pelo ciclone. Via as pessoas, em um calor escaldante, vivendo em barracas, com falta de tudo. E isso contrastando com a falta de humanidade dos mais ricos. Por exemplo, o preço da telha havia subido 20 vezes, por causa do ciclone. Um desastre natural que deveria gerar solidariedade havia gerado ainda mais ambição. Inacreditável!

Eu sempre digo que sou contra os julgamentos, que não me cabe apontar o dedo para os outros e dizer os seus pecados. Mas, se há algo que me deixa profundamente indignado, é a ausência de humanidade. É você querer lucrar com a tragédia do outro. Na pandemia, com os tantos desvios de recursos, com a corrupção na compra dos equipamentos para a saúde, com a desonestidade, eu ficava perguntando para mim mesmo como que, no meio de uma enfermidade que calou o mundo, algumas pessoas conseguem não ouvir nada, não aprender nada, não mudar nada dos seus erráticos comportamentos. Bom, se veio para ensinar, como muitos dizem, ninguém aprendeu nada.

Na saída de Moçambique, decidi que tudo o que eu havia ganhado naquele país, que o meu cachê, deveria ficar lá, ajudando aquele povo. Era o que eu podia fazer, era o meu gesto para tantos gestos que eu recebi de um povo que disfarça a dor sorrindo.

Dos shows, nasceram os DVDs. Os três. O primeiro foi gravado em 2015, em Salvador. Mais de 5 mil pessoas. O segundo, no Rio de Janeiro, na Jeunesse Arena, tinha mais ou menos 10 mil pessoas. O terceiro, gravado para a Netflix, foi na Arena CFO, em Fortaleza, para 20 mil pessoas, em 2019. É muito emocionante. Os olhares, os gestos, é como se eu conseguisse, mesmo com tanta gente, ser inteiro em cada um deles. E shows com essa quantidade de público já se repetiram muitas vezes, mas não foi assim que tudo começou.

O primeiro show, eu ainda morava em Teresina, foi na sala Torquato Neto, que fica na parte de trás do Theatro 4 de Setembro. Foi no dia 20 de julho de 2013, e lá estavam 38 pessoas. Em um lugar que cabiam 150. E o show era um composto de vários humoristas. Eu fiz um texto de uns 7 minutos. Simples. Sobre morar só. Sobre morar em uma casa tão pequena. Sobre as penúrias que eu passava.

A lembrança que tenho não é tão boa dessa primeira noite. Eu fiquei muito nervoso, talvez tenha ficado frustrado, também, pela quantidade de pessoas. Diferentemente dos vídeos que eu já fazia com alguma tranquilidade, não me senti à vontade. Achei que encerraria ali o meu mundo dos palcos.

Em agosto, eu desmenti a mim mesmo e voltei. Havia mais gente. Eu estava mais confiante. A sensação foi um pouco melhor. Eu só aceitei porque eram os mesmos amigos comediantes, e eu não poderia furar com eles. Ainda bem que fui. Dentro de mim, nesses inícios, eu só tinha um desejo, fazer todo mundo rir. Depois, fui compreendendo que o mais importante é saber contar uma história. Que o humor vai muito além da comédia. Que é nas emoções que ganhamos as pessoas e que nos tornamos parte da vida delas.

Lembro de um show maior que fiz no Gonzagão, em Aracaju, acho que para umas 500 pessoas. Lembro dos tantos presentes que recebi. Ursos de pelúcia, bolo, comidas típicas, cartas contando histórias de superação por assistirem aos meus vídeos. Eu fui percebendo que as pessoas gostavam da minha voz. E comecei a investir nas paródias. Fui percebendo que eu deveria explorar tudo o que havia em mim: quem faz 10 coisas, acerta 3. O que já é muito bom. E, por isso, eu diversificava os meus acertos.

Dos inícios, um show marcante foi em Caxias, no Maranhão. A reação das pessoas me incentivava a produzir cada vez mais. Era um clube, com cadeiras de plástico, tudo simples, e aquelas pessoas que já me conheciam dos vídeos, enlouquecidas para estar comigo. Achei doido causar essa sensação, eu queria que todo mundo soubesse que eu era capaz disso. Todos precisavam saber.

Se, nos inícios, como disse, me preocupava em fazer rir, o tempo foi me dando a maturidade para estar inteiro em cada momento. E compreender os diferentes tempos que os diferentes públicos têm para revelar as próprias emoções. Contar piada é, de certa forma, para mim, mais confortável do que cantar. Mas eu uso os dois. E uso o diálogo com a plateia, quando entendo necessário; uso algum ensinamento, quando penso ser essencial.

Gosto de falar de viagens, porque sinto que as pessoas que nunca viajaram pelos lugares que eu descrevo, acabam viajando comigo. É o nosso momento. Um show é um momento nosso, meu e de quem está lá. Um momento de deixar o cotidiano de lado e viver as emoções daquela apresentação que vai enriquecer o cotidiano que segue. Tenho, talvez, esta utopia, de que as pessoas voltem para suas casas mais felizes depois de um show.

Essa pausa da humanidade causada pela pandemia nos roubou os abraços, os grandes encontros, os eventos de arte, a liberdade de respirar sem máscaras. Espero que tenhamos aprendido alguma coisa, espero que voltemos, em breve, melhores.

Não vejo a hora de voltar a fazer um show.

SÉTIMA CONVERSA

SOBRE OS VÍDEOS

Onde Tudo Começou   WhindTube
8765678956 views   10 anos

O que é fazer um vídeo? Como é possível saber se um vídeo vai ou não agradar as pessoas? Se serão algumas visualizações ou se serão milhões de visualizações?

Desde sempre, eu tenho uma verdade que nunca abandonei. Em um vídeo eu sou eu mesmo e ninguém mais. Para um vídeo atingir e permanecer, ele tem que nascer da verdade. É claro que há muitos vídeos cheios de mentira, de dissimulações que acabam alcançando milhões de pessoas, mas que duram pouco. Nesses tempos de "fake news", de "pós-verdade", de "nenhuma verdade", eu prossigo sem abrir mão do que é a minha verdade, da minha identidade, do que eu acredito naquele momento.

Longe de mim ser o dono da verdade, até porque há muitas verdades que são provisórias. Eu posso fazer um vídeo dando alguma opinião sobre algum assunto e, depois de algum tempo, com outras informações sobre o mesmo assunto, mudar de opinião. Mas, naquele momento, o que eu disse, certo ou errado, era o que eu acreditava, com as informações que eu tinha. Longe de mim usar de falsidade, de dissimulação, de subterfúgios para ter mais seguidores, mais visualizações. Uma viagem pelo meu canal, dos primeiros vídeos até os mais recentes, mostra essa característica. Eu sempre falei do que vivi, das experiências que tive. E, quando as experiências foram se acumulando, eu fui mudando os assuntos.

Eu tinha um grande amigo que se chamava Ariosvaldo. Ainda tenho. Ele era meu parceiro. Quando eu entrei no ensino médio, como eu já disse, tínhamos acesso à sala de informática. Um mundo inteiro em uma máquina. No intervalo, eu ficava lá. Eu entrava em todos os tipos de sites. Eu via os jogos, eu via os vídeos. E os que mais me interessavam eram os vídeos criativos.

Eu gostava de editar vídeos dentro de casa. Pegava uma câmera emprestada de uma amiga. Eu andava quase 3 km para ir até a casa dela, Mariana. Meu pai era fotógrafo, fazia foto de família do interior. Quando meu pai começou a usar câmera digital, eu pegava escondido e filmava. Ele não gostava que eu usasse. Tudo tinha que ser muito rápido. Mas eu ficava fascinado com as possibilidades que eu tinha com aquela câmera. Meu pai não tinha dinheiro para comprar uma câmera para mim. Na época, ele trabalhava vendendo remédios. E o dinheiro era pouco. Imagine o meu dinheiro, então, como ajudante de garçom.

Acho que eu fiquei uns dois anos trabalhando para nascer o primeiro vídeo. Descobri que um humorista, chamado Ni do Badoque, viu e compartilhou aquele vídeo. Em 3 semanas, 5 milhões de visualizações e 30 mil inscritos no canal. Eu me tornei o maior canal do YouTube do nordeste depois de um mês.

Quando tudo parece estar indo para frente, um vento estranho nos devolve para trás.

O canal, depois de todo o meu esforço, foi hackeado e os vídeos foram deletados. Foram dois anos trabalhando, tentando fazer tudo dar certo, em busca do sucesso. E eu tive tudo hackeado. E voltei à estaca zero. E é claro que pensei em desistir. Como pensam em desistir os humanos como eu, que sofrem como eu, para encontrar sentido na própria existência.

Venci o cansaço da decepção, me enchi de coragem, e, em 2013, criei novamente o canal que, em pouco tempo, voltou a fazer sucesso com a ajuda de mitos da época: Possari, Milho Wonka, uma galera massa.

Não faz tanto tempo assim, mas confesso que era muito mais difícil do que hoje. Hoje é fácil falar "meu filho é YouTuber", "meu filho é gamer", na época, não. Até para ganhar dinheiro era muito difícil. Ainda estavam criando as regras de monetização. Mas não era no dinheiro que eu pensava, no início. Era na criatividade, na graça, na maneira de mostrar para o mundo o meu mundo, o meu estado, o Piauí. Algo lá sempre me moveu.

Eu já havia trabalhado de muita coisa. Além de ajudante de garçom, carregador de caminhão, trabalhador rural e faz-tudo em casa. Sempre observando as pessoas. E, na escola, observando os outros alunos, as suas conversas sobre as suas famílias, os seus sentimentos sobre o futuro.

Na Escola Agrícola, eu experimentei muitas vezes uma sensação que, depois, eu vim a perceber que era normal, de me sentir burro. Eu me esforçava muito, estudava o que eu conseguia e tirava 2. E tinha gente que tirava 10. Eu não sabia se era por esforço ou por uma inteligência maior do que a minha. Hoje, sei que isso é bobagem. Que ninguém é burro. Que as inteligências são diferentes. Que o meu humor é, sem dúvida, uma prova de inteligência.

Como é prova de inteligência a minha capacidade de observação. Ou a minha intuição pelos caminhos que preciso trilhar para chegar às paragens que me encantam no fazer desse mundo tão grande. Eu devo ser burro pro mundo normal. Quando eu quiser mudar isso, eu mudo. Só não é minha prioridade no momento.

Tive meu canal hackeado, invadido, excluído, como disse. E eu era apenas um moleque querendo entender a maldade das pessoas. Por que comigo? Tanto esforço e ter que começar tudo do zero novamente. Por que as pessoas gastam o tempo, a inteligência, a vida tentando fazer mal às outras pessoas?

Como eu disse, algumas vezes, eu já me senti burro, eu já repeti de ano. E sei que muitos passaram e passam pelo que eu passei. Aqui volto a insistir no tema da autenticidade. O meu primeiro grande sucesso no YouTube fala exatamente disso, de alguém que foi reprovado e diz que o Facebook é o culpado.

Esse primeiro vídeo está no canal, com a data de 21 de janeiro de 2013, embora, como já disse, tenha sido feito antes.

Aló Vó, tô reprovado.
Paródia da música "Alô vó, tô estourado", da banda baiana Forró Safado.

Aló Vó,
Tô reprovado.
É nota ruim
Eu tô lascado.

Vó tô reprovado,
E o Facebook é o culpado.
Quem me pariu foi minha mãe
Quem me criou foi minha vó.
Ela me deixava só
Saía de casa, ia pra feira trabalhar
Deixava o PC desligado
Pra no Face eu não entrar.
Vovô dizia escondido da minha avó
Meu filho larga esses livros
Entra no Face que é melhor.
Saía adoidado pra no Google pesquisar
Frases de Caio F. Abreu
Pra no meu mural eu postar!
De manhã cedo eu não queria nem saber
Era acordar, e no Face entrar!
Começava a tirar foto V1D4 L0k4
Ajeitava no Photoshop
Pra no Face eu postar!
Fim de semana
Fazer o quê?
Ir na escola o resultado pegar!
E bem na hora minha avó foi me ligar.
Era tanta gente chorando que nem deu para escutar.
Alô vó
Tô reprovaaaaado!
É nota ruim
Eu tô lascado.
E o Facebook é o culpado.

Não sei o que minha avó achou. Nem uma, nem outra. Sei que virou uma chave para que eu começasse a confiar na minha intuição e no que eu sentia da minha convivência com as pessoas.

Além da dificuldade do canal cancelado, houve outras pedras, evidentemente. Imaginem as cartas do Google em inglês, e eu não entendendo nada do YouTube. E até isso eu transformava em humor. Eu nunca havia estudado filosofia e confesso que sei pouco, mas um dia me explicaram um conceito bonito da autoironia, ou da liberdade que se tem de brincar consigo mesmo. Eu continuo com essa liberdade, eu brinco com as minhas imperfeições, com as minhas limitações, com a minha surpresa diante do novo. Do novo que sempre nasce diante ou, até mesmo, dentro de mim.

Da mesma forma que eu nunca estudei violão e fui aprendendo, eu nunca estudei direção de vídeo. Foram a minha curiosidade, a minha pesquisa incansável, a minha vontade de fazer que me levaram a encontrar o meu caminho.

Lembro das minhas pesquisas no Vagazoide, que era um canal dos mais parecidos com o que eu queria fazer. Do Barnabé. Do Eduardo, do Pânico. Eu fuçava em vídeos americanos, mesmo sem entender o inglês. Queria entender o movimento, o tempo, o uso das imagens. E juntava isso com o interesse que eu tinha e tenho pela vida das pessoas. É da vida das pessoas que nasce a arte. Nisso eu acredito profundamente. Ninguém é artista sem observar a vida, as vidas.

O segundo vídeo também é de escola, é do dia 25 de janeiro de 2013.

"Nesse enem eu me torei no outro eu vou passar / eu já fiz uma promessa e Deus vai me ajudar / nesse enem eu me torei no outro eu vou passar". É uma paródia da música *Só beber mais hoje* do clipe Humberto & Ronaldo.

E, no final, a fala quase adolescente falando do canal, da galera que ajudou a fazer o vídeo, da camiseta que estava sendo vendida, referente ao outro vídeo, "alô, vó, tô reprovado".

Comecei, aí, a ver que dava para monetizar. Eu começava a compreender aquela emoção, aquela linguagem do mundo adolescente, que era o meu mundo e, exatamente por isso, autêntico.

No terceiro vídeo, do dia 27 de janeiro de 2013, eu abro o meu coração para falar do que eu estava sentindo diante de uma tragédia que havia abalado o Brasil, a tragédia de Santa Maria, as 245 mortes na boate Kiss, as polêmicas criadas com relação aos seguranças. Eu, com toda a minha sinceridade, pedi para que as pessoas não brigassem nem brincassem, mas que tentassem ajudar. Que doassem sangue, que ligassem para a cidade para ver o que poderiam fazer. Fazer humor com a dor do outro não é correto. O correto é sentir a dor do outro e fazer alguma coisa para aliviar. Mesmo que eu não arrume o mundo inteiro, eu arrumo o mundo de alguém que está ao meu lado. E a internet pode fazer com que alguma dor fique ao meu lado e que, por ela, eu me torne mais humano.

No vídeo de 29 de janeiro de 2013, eu falo sobre o que os homens precisam saber sobre as mulheres. Mais uma vez, eu entro no universo de milhões de possibilidades, de curiosidades, de reconhecimentos. Esse é um conceito fundamental, fazer com que as pessoas se reconheçam nos vídeos. E o tema dos relacionamentos é universal e atemporal. Eu aproveitei para fazer um vídeo de forma descontraída, brincando com as perguntas sobre os relacionamentos. Ainda faço muito isso, inclusive nos shows. Quem nunca sofreu de uma paixão? Quem nunca se sentiu incompreendido ou trocado? Um dia vou escrever um livro inteiro sobre isso. É melhor viver sozinho? Sofre menos, talvez. Ou é melhor sofrer e experimentar as fascinantes aventuras dos encontros amorosos?

No quinto vídeo, de 1º de fevereiro de 2013, eu falo sobre bulliyng e brinco com o meu nome. Whindersson. Complicado demais, não é?

Muito tempo depois, vim a conhecer a obra de um nordestino que admiro muito e os seus vídeos com as suas aulas geniais, Ariano Suassuna, e me diverti muito com suas brincadeiras com os nomes. Fiquei pensando na inteligência daquele homem, em tudo o que ele leu e escreveu e na simplicidade com que ele roubava os sorrisos com suas aulas-espetáculos. Cada vez mais, eu tinha mais certeza de que eu queria falar sobre mim no palco.

Os vídeos estão no canal, eu só resolvi usar alguns do início como exemplos de como tudo começou e dos temas que sempre nasciam da sinceridade do que eu estava vivendo e sentindo. No sexto vídeo, por exemplo, eu falo do meu corte de cabelo e brinco dizendo que muitas pessoas achavam que, em Bom Jesus, não havia escova. É claro que havia. É claro que as pessoas sabiam disso. Não era mentira, então. Era uma homenagem ao resto que faltava e à felicidade que, mesmo quando muita coisa falta, não falta.

Tinha um fato que era recorrente. Eu começava a gravar e, de repente, passava uma moto. Então, em vez de eu parar e começar de novo, eu brincava com o barulho da moto que passava. Ou com um pernilongo que me atormentava. Novamente, o conceito da aproximação. Tudo isso aproximava as pessoas. Porque os meus problemas, eu compartilhava com elas. Era uma imagem sem maquiagem. Imagine se eu precisasse pagar para fazer um barulho de moto ao fundo, para brincar com isso. Não precisava. E não planejava. Acontecia. A vida faz o humor acontecer, quando a gente presta atenção.

No sétimo vídeo, de 10 de fevereiro de 2013, eu uso uma estratégia que nasce do meu coração. Falar do amor que eu tenho pelo Piauí. E que continua. Eu moro em São Paulo, mas o Piauí mora em mim.

Esse vídeo eu fiz com o Ariosvaldo, falando das palavras que a gente fala. No Piauí a gente não tropeça, "trupica". No Piauí a bagunça pode ser chamada de "munturo". Entrei em um quarto e vi um "munturo", isso porque tinha roupa jogada em tudo quanto era lugar.

Gosto quando das diversões se extrai um aprendizado. Quando do susto se faz nascer uma postura de vida.

Há um vídeo de muitas visualizações, de 11 setembro de 2013, porque, novamente, é um vídeo em que as pessoas se identificam muito. Como a gente se sente quando vai comer e uma visita chega?

Em 4 de março de 2015, eu fiz um vídeo ligando para minha mãe, para dizer que eu ia ser pai. Eu falo de uma viagem com a minha namorada. E falo que ela ficou grávida. E minha mãe me explica que eu não preciso largar a minha namorada e que, também, não preciso casar. Eu digo que ela vai ser avó. E ela aceita. E diz que a gente vai se virar. Uma conversa natural. Uma mãe explicando o que o filho tem que fazer, conversar com o pai da menina, dizer que são jovens demais e que vão cuidar da criança, sem casar. Eu uso o exemplo do Neymar, que também não casou. Ela é compreensiva. E para perturbar um pouco mais, eu digo que o pai exige que eu case. Ela diz que é só conversar, que meu pai pode ir junto. Minha mãe pergunta se eu gosto dela. Eu digo que gosto. E até estou pensando em fazer outro filho. E, aí, minha mãe percebe que eu estou brincando.

Aí, eu digo que era só para desejar um Feliz Dia das Mulheres. Minha mãe explica que é só no dia 8. E eu desejo um Feliz Dia das Mulheres para minha mãe, uma das mulheres mais batalhadoras que eu conheci na minha vida, para as mulheres de Bom Jesus, do Piauí, do Brasil e do mundo todo.

Em 15 de março de 2021, eu faço um outro vídeo, agora verdadeiro, dizendo que vou ser pai. Pai de menino. Como já disse, sou pai de um menino. De um anjo chamado João Miguel.

Doideira.

OITAVA CONVERSA

SOBRE A DOR DE PERDER UM AMIGO

Foi no dia 27 de maio de 2019. Que dia triste! O Gabriel Diniz tinha 28 anos. Ele tinha feito um show em Feira de Santana, na Bahia, e pegou um avião de pequeno porte, de Salvador para Maceió. Estava indo para festejar o aniversário da namorada, para encontrar a família. Ele estava feliz, vivendo um momento feliz. Depois do show, ele escreveu nas suas redes: "Sempre uma alegria voltar a Feira de Santana e ser recebido com tanta alegria e tanta energia positiva. Obrigado pelo carinho, galera. Uma verdadeira multidão curtindo o nosso show. Até a próxima, se Deus quiser". E, no caminho, caiu o avião. E lá se foi o meu amigo.

Eu lembro que já estava triste, que estava mal, com depressão.

Estava convivendo com perguntas sem fim dentro de mim. Achava que as coisas não faziam sentido. Que era muito desgaste, muita exposição, muita cobrança.

Eu estava com pânico de voar. Ficava pensando nas estatísticas. Tanto tempo entrando em avião, em quarto de hotel, acordando cada dia em um lugar.

Gente falando: "Tira isso da mão, senão vai sair na foto".

Gente exigindo coisas: "O carro tem que ser fumê, é mais seguro". Todo mundo tomando conta. Eu saía de uma gravação e passava na Avenida Paulista, mas não podia descer em nenhum bar. Se eu descesse, viraria uma confusão. Todos os filmes vão passando na cabeça. Tanto esforço para ser alguém reconhecido pelo trabalho e, de repente, uma sensação de aprisionamento, de vida tolhida pelas circunstâncias.

A depressão me acompanha e me rouba momentos preciosos de felicidade.

E, nesse vazio em que eu estava, a notícia da morte do Gabriel. Eu havia jogado bola com ele alguns dias antes. Sua alegria era contagiante. Era bom demais estar com ele. Conversamos muito nesse dia, rimos, brincamos, vivemos. E, agora, a vida dele tinha ido embora.

Não tinha mais Gabriel.

No dia anterior à notícia da morte, eu estava vazio. Lembro que havia sentado, em algum lugar, por volta das 9 da manhã. E fiquei quieto. Pensando. Fazendo perguntas e mais perguntas. E me perdendo na ausência de respostas. Um dia em que não fiz nada. Quando percebi, estava escuro e eu no mesmo lugar. Sem comer. Sem me animar para a vida. Só fumando e me afundando.

Levantei. Tomei um remédio e fui deitar. Quando acordei, liguei a televisão e vi a notícia. A primeira notícia era a da queda do avião. E depois uma série de informações que fazia com que as pessoas ficassem ligadas querendo saber o que havia de fato acontecido. Chegavam informações de que ele talvez não estivesse no avião. E avisavam que logo depois dos comerciais continuariam com novas informações exclusivas.

Então, voltavam e falavam do pneu do avião. Encontraram. E eu já havia visto nos grupos de WhatsApp, que ele estava morto. Então, as emissoras sabiam. E prosseguiam segurando a audiência, fazendo um show com a morte de alguém. A tristeza aumentou em mim. Eu me vi naquela situação. Sendo apenas um produto de audiência, tendo valor nenhum com a minha vida ou com a minha morte. Fiquei enojado, indignado. Tirando a dignidade do cara para vender propaganda.

Resolvi, primeiro, gravar um vídeo falando do lixo que é esse mundo que consome as pessoas e que não tem respeito por elas nem no momento da morte. Depois, desisti. Pensei em escrever. Em explicar o que eu estava sentindo. E, por fim, resolvi que o melhor que eu poderia fazer era transformar tudo aquilo que eu estava vendo, pensando, sentindo, em algo lindo.

Em vez de escrever a coisa mais horrível, porque eu estava com raiva e ódio, resolvi escrever sobre o amor, resolvi compor uma música de amor. Converter todo pensamento que não presta em algo realmente útil. Já vi muita gente raivosa e não adianta de nada.

Eu peguei um papel e uma caneta e escrevi, à mão, esta canção:

Se a vida fosse fácil como a gente quer
Se o futuro a gente pudesse prever
Eu estaria agora tomando um café
Sentado com os amigos em frente à TV
Eu olharia as aves como eu nunca olhei
Daria um abraço apertado em meus avós

Diria eu te amo a quem nunca pensei
Talvez é o que o universo espera de nós
Eu quero ser curado e ajudar curar também
Eu quero ser melhor do que eu nunca fui
Fazer o que eu posso pra me ajudar
Ser justo e paciente como era Jesus
Eu quero dar mais valor até o calor do sol
Que eu esteja preparado pra quem me conduz
Que eu seja todo dia como um girassol
De costas pro escuro e de frente pra luz
E de frente pra luz
E de frente pra luz

E, então, eu gravei. E chorei toda a dor que eu estava sentindo. Toda a injustiça do mundo. Eu, quando choro, choro de verdade. Não tem encenação nenhuma. Tem a generosidade de compartilhar os meus sentimentos. Eu sei que muita gente chorou com a morte dele e muita gente chorou ouvindo essa canção. Chorar faz parte. Desaguamos um pouco das nossas dúvidas, das nossas incompreensões, das nossas dores. E, depois, nos reconstruímos, como tem que ser.

Gabriel Diniz foi um amigo bom. Eu cultivo as amizades porque acredito na humanidade. E, mesmo quando me engano com as pessoas — e já me enganei muitas vezes —, eu não desisto de acreditar.

NONA CONVERSA

SOBRE OUTROS AMIGOS

Tenho amigos de todos os tipos. Tem um que mente tanto, mas tanto, que fico tentando entender o tamanho da carência, a necessidade de exageros, do quanto ganha, do poder que tem, bobagens que não acrescentam nada, na minha opinião, à grandeza de alguém. A grandeza de alguém mora na singularidade desse alguém. Cada um tem que dedicar um tempo para encontrar dentro de si mesmo a sua luz e, a partir dela, o seu espaço no mundo.

Sou grato a muitos amigos que foram crescendo comigo, me ensinando e aprendendo comigo, e que permanecem na minha vida.

Alguns muito próximos, como o Bruno. Ele é de Teresina. Se é de Teresina, já é meio caminho andado para conquistar meu coração.

Ele é ator, é do teatro. Quando eu o conheci, ele já tinha alguma história com filmes que narravam características do nordeste e que tinham humor. Ele é um artista inteiro. E, como eu disse, é da minha terra. Eu não escondo de ninguém que eu tenho esse prazer especial em ajudar as pessoas que nasceram onde eu nasci. É como se fosse uma irmandade de solo, de cultura, de ar.

Então, sempre que eu penso em um ator, penso nele. Ele tem DRT.

Eu vim saber depois que o Bruno fazia peça da paixão de Cristo. E eu, menino, ia assistir ao Bruno e não sabia que um dia seríamos tão amigos.

Hoje, ele escreve para mim. É roteirista. E eu vi a evolução do Bruno no descomplicar da vida. Eu explico. Ele era muito complicado. Tudo martelava na cabeça dele. E eu tentava ir desanuviando. Mostrando que é melhor viajar com menos bagagem, com menos peso. E a vida é essa viagem em que quanto mais complicamos, mais difícil fica. É interessante ver o quanto ele se encontrou escrevendo roteiros. Deixou o palco e ficou no texto. Mas já está nos palcos de novo. Nada é definitivo. E pensar que nada é definitivo já ajuda na leveza da vida.

O roteiro vai nascendo do jeito com que se conta uma história, com que se desnovela um nome, por exemplo. Um nome já é o suficiente para ter uma história inteira. Um nome diz tanto. E pode ser engraçado, pode ser triste, pode ser curioso. Às vezes, as pessoas pensam que a questão é fazer piada para tudo. Talvez você nem precise de piada para fazer rir. Talvez o que você precise é entender o instante. Aí está a mágica do humor. A compreensão do instante, que une tempo e espaço, que une os seus sentimentos com aos sentimentos aos das pessoas que estão com você. Em um teatro, em um estádio ou em uma roda de amigos.

E, se for piada e não der certo, não deu. Não tem que ser um peso. Não tem que ficar competindo. É o prazer de trabalhar livremente. Sem medo do fracasso. Aliás, o que é fracasso? Eu desconheço.

Só não conto com o que ainda não tenho. Dona Miúda, minha avó, dizia para "não contar com o ovo no cu da galinha".

O Costa Peixoto é um outro amigo. Na verdade, ele foi meu primeiro *hater* na internet, o primeiro a não gostar de mim. Eu postava uma coisa e tinha duas respostas. Uma que dizia kkkkk e outra que dizia: "Esse cara se acha um comediante".

E, então, eu postava outra coisa, e lá vinha um com o kkkkk e ele com o "vai para o Zorra Total". O Costa é de Teresina, também.

O Bob, o amigo com quem eu morei, conhecia o Costa. E eu disse a ele que eu queria encontrar com o cara que só me criticava, mas que, ao mesmo tempo, via tudo o que eu postava. Pedi para marcar de tomar uma cerveja, na praça de alimentação de um shopping.

Eu cheguei e perguntei: "E aí, Costa?". E ele foi me explicando o porquê de ele achar que eu não era um comediante. Ele não gostava, mas, como eu disse, ele via tudo. Ele vinha em um sistema antigo de alguém passar a coroa para o próximo. Ele queria ser um próximo João Claudio Moreno, o grande comediante do Piauí. E, talvez, eu fosse uma ameaça, o que era uma grande bobagem. Eu queria ser eu mesmo, do meu jeito, que não era o jeito dele.

Ele era de teatro, de palco, do stand up. Ele não curtia internet. E foi me explicando o que para ele era humor, o que era comédia. Eu fiquei ouvindo e prestando atenção. E levando a sério tudo o que ele me falava. Acho que isso foi o suficiente para ele me ver com outros olhos. E, com isso, ele parou de me criticar.

Pouco tempo depois, eu resolvi fazer um vídeo e chamei uma galera para fazer comigo. Chamei os meus fãs, convoquei todos, e foram umas 35 pessoas. Ele também foi. Foi o Bob quem chamou. Ele conheceu uma fã. Ficaram juntos, Evaniele. Eles têm um filho que é meu afilhado, Arthur. Doideira.

Teve uma época na vida dele em que ele parou tudo e foi morar no Amazonas. Depois voltou e, hoje, também trabalha comigo. Como eu digo, as pessoas têm o seu tempo, as suas necessidades. Ele é roteirista e ator. E o mais importante, é amigo.

O Bryan Fritz é um sonhador. Hoje, ele mora em Londres. Foi embora do Brasil. Ele tentava entrar no Pânico na TV. Fazia uns vídeos de paródia. Eu via nele alguém que sonhava alto como eu.

E eu gostava do que eu via. Eu sempre fui me adequando, aprendendo. E ele continuava naquele mundo de fama e dinheiro. Queria muito fazer sucesso pelo sucesso. Mas era só o que ele podia fazer com as informações que tinha.

Ele morava de parede a parede comigo em Teresina. Quando melhorei, saí da casa do Queiroz e fui para um lugar que tinha ar-condicionado. Que coisa boa que é barulho de ar-condicionado. Era disso que eu gostava, mesmo que não gelasse. Olha, quanta história eu poderia contar só de ar-condicionado! O que gela e o que não gela. O que faz barulho e que tipo de barulho faz. O que, enfim, existe. Porque a vida da gente, no calor do nordeste, muda com um ar-condicionado. Foi um braço forte na minha vida, que muitos julgam como doido, era meio melhor amigo.

Fui para Sobral, me desprendi, queria me incomodar.

Quando eu fui para Sobral, eu queria aprender. Outro estilo de viver, de me alimentar, de aproveitar o dia. Como eu disse, de acrescentar uma cultura a mais na minha vida. Em Sobral, eu saía mais do que em Teresina. Era uma cidade menor, mas era tão grande como se fosse uma capital. Eu tinha uma vida social melhor. Eu fiz outro círculo de amigos, outra rede de amigos. Pessoas que eu conheço até hoje. Lá, havia um salão de beleza. Aliás, um salão em que, por um tempo, eu dormi. E hoje esse salão de beleza é meu. São amigos que permanecem.

Amigo é o que faz de tudo. Você não é amigo daquele que desiste. Eu chegava, eu não era ninguém, e tinha onde comer, onde dormir.

Eram pessoas legais, educadas, bacanas. Não tinham obrigação nenhuma de serem legais. E eram. O tempo passa e a amizade continua.

Até na Índia eu fiz um amigo. Eu entrei no Facebook e procurei um guia que falasse português. E achei um, Luv Kumar — fala português. Ele estudou português para entrar no mercado de turistas de língua portuguesa. Já gostei e aprendi com isso, você tem que solucionar problemas. Ele sentiu a carência do mercado, só isso. E hoje ele está aqui, no meu livro. A gente gosta de conversar na nossa língua. Mesmo longe, é um sentir-se em casa. Ele é muito bacana. E eu era muito interessado. Ele falava muito nos direitos civis. Na dignidade da pessoa humana, nos direitos iguais. Lembro-me dele falando com emoção de quando as mulheres começaram a poder dirigir. E de quando ser homossexual não era mais crime. Já usei muito do que vi na Índia em narrativas de humor.

Lá eles não têm raiva da buzina. Você ressignifica, buzinando. É um aviso. Lá tem um: "Por favor, buzine. Eu tô passando. Cuidado. Não vira. Não faz nada. Tô passando. Passei. Passei. Passei".

Aqui, quando você buzina, não tem ressignificar nenhum. Tem irritação. Culturas. Como o conceito de castas é diferente. O aceitar a situação e esperar uma outra vida para viver uma situação melhor. Os rios e as cremações. Os animais que são considerados sagrados. É tudo muito diferente e, ao mesmo tempo, tem muito de igual a nós na necessidade de nos compreendermos. Lá é tanta gente que você desmaia e não cai no chão, você encosta em algum lugar.

Poderia escrever sobre tantos outros amigos que tenho, mas sabem eles o que significam para mim, o que representam, nos meus dias, a presença e a lembrança de cada um deles. Vou contar um pouco sobre alguns deles.

Um dia, eu estava tomando banho e comecei a cantar a música da Adele, aí comecei a cantarolar *Qual a senha do wifi*. Aí veio a ideia da paródia e pensei logo em Gabriel Oliveira. Tinha que ser tudo muito rápido para não perder aquele momento, porque, como eu já disse, a comédia para mim é o instante. Se passar, perde a graça. Mandei mensagem para ele e marcamos de fazer juntos. Gastei o pouco dinheiro que tinha na compra de uma passagem de avião e fui para o Recife. Fizemos a paródia em dois dias! Hoje, ele tem a página Recife Ordinário que tem grande alcance e sucesso, essa foi uma ideia que dei para ele, porque ele tinha a página Maceió Ordinária. Eu disse a ele que seria demais se toda capital tivesse uma página dessa. E aí veio a ideia de Recife Ordinário que faz um sucesso danado, é uma página estouradíssima em Pernambuco e no Brasil inteiro. Isto é, colhemos até hoje o que plantamos naquele encontro.

O Bob é uma figura muito controversa pelas suas postagens na Internet, muitas pessoas não gostam de suas opiniões. E eu acho que é aí que entra o sentido da amizade, porque a minha gratidão por ele é maior do que tudo isso. Sempre conversamos sobre nossas ideias. É um grande amigo, ele me deu a mão quando mais eu precisava. Fiquei em sua casa e sempre me senti à vontade. Nunca me trataram mal, nunca me pediram para ir embora, era como se eu estivesse em minha própria casa. Levo o Bob comigo para onde eu for. Ele foi uma das pessoas primordiais para eu poder ter o estalo profissional de criar a Mucura Criativa, a nossa produtora, que dá oportunidade a muitos piauienses. O Bob é uma pessoa que me lembra bem a palavra gratidão.

O João Neto é uma pessoa com quem eu tive uma sintonia de cérebro, de pensamentos. É muito difícil ter um amigo que te conhece tão bem que é capaz de responder por você, porque sabe exatamente o que você responderia. Ele me traz um astral muito bom, uma coisa que não podemos perder nesta vida em que podemos ser ludibriados por fama, dinheiro, luxo etc. Há coisas simples que são muito importantes e você saber que tem uma pessoa simples com quem pode contar e que pode transformar qualquer momento em algo muito massa, é demais. E isso tem um valor enorme para mim.

O Wennedys é um primo com quem convivi muito na infância. Quando vivíamos numa situação em que a nossa informação era pouca, pois morávamos no interior do interior de Santa Luz, ele foi muito presente na minha vida e fez parte das minhas imaginações, brincadeira de infância que repercutem até hoje no meu trabalho. Sempre que falo em infância, é dele que eu me lembro. Ele ainda mora lá em Santa Luz e, quando a gente se encontra, nossas conversas são muito bacanas.

A Elana é uma parada do acaso que é muito interessante. Ela nasceu no Piauí também. Quando eu estava no Ensino Médio e via essa menina indo para a universidade — ela se chama Elana Valenária e é uma ex-BBB, bem famosa —, eu e meus amigos ficávamos admirando porque ela é muito bonita. Todo dia eu a via passar porque a Universidade Federal do Piauí ficava atrás da minha escola que era a Escola Agrária, e nunca tive coragem de chegar perto para falar. Quando minha vida deu a virada e fiquei conhecido, encontro aquela menina do Piauí também conhecida, e ficamos amigos e trocamos muitas ideias. Porque com a parada da Mucura Criativa de chamar muitos piauienses, quem veio trabalhar comigo? A Elana. Ela é uma pessoa muito especial e trocamos muitas ideias. Chegam a dizer que tivemos alguma coisa, mas nunca tivemos nada além de uma amizade muito bacana, de irmãos mesmo. Acho que por sermos piauienses e conhecermos as mesmas coisas ficamos tão próximos.

A Thaylise é uma parada engraçada. Ela é ex do Vitão que namorou a Luísa em meio a toda essa polêmica. E, como éramos "os ex dos ex", nos aproximamos e conversávamos sobre nossos momentos. E aconteceu que viramos melhores amigos e temos uma amizade muito boa e leve. Mesmo longe, estamos sempre alinhados um com o outro. Somos parceiros, assim como irmãos. Eu acho que o tempo de alguém é algo muito importante e ela me dá muito do tempo dela quando eu estou com algum problema, meio reflexivo e preciso de apoio. Eu sempre posso contar com ela. Com certeza é uma amizade que quero ter para a vida toda. Quero protegê-la sempre.

DÉCIMA CONVERSA

SEM MEDO DE APRENDER

Pode parecer uma história simples, sem muita importância. Pode parecer um pequeno problema em meio a tantas conquistas que eu estava vivendo. Mas esta é uma história de insegurança, de vergonha, de amizade e de aprendizado.

E tudo aconteceu em um ônibus da seleção. Convidaram o Tirulipa e a mim para descontrair os jogadores, contando piadas entre o hotel e o estádio. Era um jogo beneficente, não me lembro muito bem. Acho que os amigos do Neymar e a seleção. No ônibus, todos aqueles craques que vi jogar muitas vezes, por quem torci, que me fizeram vibrar, que me emocionaram.

Eles me conheciam da internet, sabiam dos meus vídeos, tinham — penso eu — expectativas de que eu fosse ser muito engraçado pessoalmente. E eu não fui. Foi isso que eu senti, quando chegamos ao estádio. O Tirulipa, ao contrário, foi muito engraçado.

Ali, eu senti que eu não sabia contar piada. Eu tive a impressão de que eles disseram que eu era mais interessante na internet. E, então, eu fiquei vazio, envergonhado. Sentimentos que são normais, que todo mundo experimenta na vida. Mas eu quis ir além, quis aprender com aquilo. E fui, com toda humildade, pedir ao Tirulipa que me ensinasse a contar piada.

Foi uma conversa incrível, porque, primeiro, ele me contou quantas vergonhas ele já havia passado na vida. Quantas vezes ele abria um show e as pessoas gritavam: "Sai daí, moleque, sai daí, filho do Tiririca". Era o Tiririca que era muito engraçado. E ele estava começando e tinha uma responsabilidade maior por ser filho de quem era. De passar vergonha em passar vergonha, ele foi se fortalecendo. E foi caminhando para o sucesso. Ele me contou de outros sofrimentos, das decepções com empresários, da vida dura de ser o artista que queria ser. E que, hoje, ele é.

Na conversa, eu fui percebendo que todo mundo tinha uma história muito dura. Fui me lembrando que sofrer alguns constrangimentos faz parte da vida. E, depois de falar tanto da vida, naquele dia ele me ensinou umas quatro piadas. E eu usei. E eu usei colocando outros elementos. E agradeci muito. As piadas e a partilha da vida. E as reflexões sobre o instante.

Aliás, a piada é como se fosse um instante. Ela tem que ser dita da maneira certa, pela pessoa certa, para as pessoas certas, no momento certo. E, então, as pessoas certas sentem as mesmas coisas, ao mesmo tempo. Aquela piada só vai ter graça para aquelas pessoas. Já uma outra piada pode ser engraçada por ela mesma. Não tem uma regra absoluta.

O tempo foi me ensinando, também, que a boa piada é natural.

Como o Neymar que sabe botar a bola no gol e que, talvez, não saiba que tem uma física por trás daquele chute certeiro. Assim é a piada. Nada de regras fechadas. É observação. É treino. E é um prazer natural que brota do estar com as pessoas.

Não faz muito tempo que estive com o Mano Brown e o Seu Jorge, dois ícones, dois mitos. Quando eu estava com eles, eu fiquei pensando no privilégio de estar ali. Mas deixei de lado qualquer desejo de impressionar. Eu pensei, eles também devem estar valorizando o fato de estar comigo. Eles também sabem reconhecer o meu valor. O melhor é ser natural. E como foi divertido fazer aqueles dois rirem! E como riram!

Quando chego a algum lugar em que não conheço as pessoas, eu geralmente fico no meu espaço, esperando a conversa ganhar um corpo natural. É como uma dança do acasalamento. Eu sei que existe um mito sobre mim. Eu tenho que saber como começar a dança. Ir devagar. O cara que chega se achando o máximo e conta uma piada errada acaba mais ofendendo do que divertindo as pessoas que estão ali.

Eu sou o contrário, exatamente porque respeito as pessoas, eu quero entender o *time* delas. O que sei é que, todos os dias, eu experimento a delícia de saber um pouco mais. Eu não tenho medo nem preguiça de prosseguir aprendendo.

DÉCIMA PRIMEIRA CONVERSA

SOBRE SUPERAR AS DECEPÇÕES

Decidi falar quase nada das tantas decepções que já vivi. Não quis que este livro, que abre uma conversa com pessoas que têm alguma vontade de estar mais perto da minha vida, fosse sobre decepções.

Pessoas passam pela nossa vida e, às vezes, desaparecem sem deixar saudade. Quando elas vão, algum vazio fica. Quando se compreende um pouco melhor, percebe-se que o vazio já existia com a presença delas. Que, às vezes, nos acomodamos com o que não nos faz bem e nos falta coragem de abrir a porta e de começar a conhecer outras caminhadas.

Lembro de um vendedor de CDs que fez um acordo comigo de vender os meus CDs e de mandar uma porcentagem das vendas.

Veio com uma boa conversa, vendeu facilidades, falou de estratégias, mostrou-se amigo. Eu acreditei. Aliás, é essa a minha tendência natural, acreditar nas pessoas. Tem gente que é o contrário, começa nas desconfianças. Eu não sei ser assim e não quero aprender a ser assim. Que nem o leão, ele toma água, mas atento.

Pois bem, chegou esse vendedor de CDs em um momento em que os CDs já não estavam vendendo tanto. Momento do download. Mas eu ouvi os seus argumentos e assinei de boa-fé o contrato.

No contrato, havia uma cláusula que eu não percebi. Hoje tenho uma equipe mais profissional que, naturalmente, lê tudo e que me traz uma segurança jurídica maior. Mas naquela época, não era assim. E eu assinei um contrato em que havia uma cláusula abusiva. Eu garantia um pagamento mínimo, caso os CDs não vendessem bem. E não venderam. Eu tinha que dar a ele meio milhão. E eu não tinha esse dinheiro. E não era justo que eu devesse esse dinheiro a ele. Como eu não tinha, ele ia aos meus shows e ficava sentado na frente, olhando para mim, para me constranger, e depois me cobrava. Muitas vezes, eu dava todo o meu cachê para ele, para ficar em paz.

Imagine eu tendo que me concentrar no show, olhando aquele homem desonesto querendo me ameaçar. Havia noites que eu não dormia, querendo dar um jeito de pagar, rapidamente, e me livrar dele. Era um CD de músicas. O primeiro CD gravado por mim. Todo autoral. Algo que deveria ter sido um grande prazer se transformou em um trauma, em uma decepção. Nem 20 anos de idade, devendo meio milhão de reais.

Passou algum tempo, e eu estranhei o fato de ele não estar nos shows me pressionando. Sua esposa, então, me ligou, e disse que ele havia sido preso por estelionato. Eu senti um certo alívio e, ao mesmo tempo, compaixão por aquela mulher e pela situação em que ela estava. Pensei um pouco e atendi ao pedido dela. Paguei aos advogados para tirar o homem da prisão.

Depois disso, ele nunca mais me cobrou. Alguma coisa aconteceu com ele. Acho que ele imaginava que eu jamais fosse ajudar, depois de tudo o que ele havia feito comigo. Ele vivia me mandando flores no WhatsApp, eram vitórias-régias que piscavam, com pedido de perdão. Interessante, mas triste.

Não sou homem de guardar rancor. Prefiro guardar outras coisas. Dos muitos ensinamentos que aprendi, na época em que frequentava a Assembleia de Deus, um dos que mais cultivo dentro de mim é o perdão. Se doeu, o melhor é não mexer nas feridas. É aguardar o tempo da cicatrização e prosseguir.

DÉCIMA SEGUNDA CONVERSA

AOS QUE SOFREM DE DEPRESSÃO

Não quero falar da depressão como médico, porque médico não sou. Nem como psicólogo. Nem como um pensador dessas áreas da alma humana. Falo da depressão como um homem que sofre, e sofre os barulhos e os silêncios causados dentro da gente pela depressão.

Do que me lembro, a primeira vez que me senti deprimido foi depois de um show em Aracaju, no Teatro Tobias Barreto. Era o ano de 2015 e eu já estava começando a fazer muito sucesso. Eu tinha 20 anos. E já havia mudado completamente a minha vida. Eu me lembro desse show porque, ao final, o empresário perguntou se eu queria levar o dinheiro para casa ou se eu queria que ele depositasse o dinheiro.

Eu não ligava de ganhar muito ou pouco, eu queria que o show ficasse bonito. Eu queria divertir as pessoas, eu queria ver muita gente comigo, vivendo os momentos mágicos de um show. Ele tirou um bolo de dinheiro e me deu 20 mil. Eu cheguei ao hotel e vi os 20 mil, eu nunca tinha visto tanto dinheiro junto. Nunca. Eu levei um susto. E queria entender o que estava acontecendo comigo. Tantas cenas da minha vida passaram na minha mente. O passado inteiro estava ali. Eu sem comida. Eu sem dinheiro para comprar um computador ou uma câmera para fazer vídeos. Eu cozinhando miojo com sardinha. Eu vivendo sozinho abraçado na minha cachorra Minerva. Os meus avôs, as minhas avós, a casa sem eletricidade. O rádio de pilha. Os sofrimentos na escola. Era um passado inteiro, em alguns instantes, em um quarto de hotel diante de 20 mil reais. O quanto meu pai tinha que trabalhar para receber esse valor. Quase um ano, talvez. E eu recebia como parte de um único show. Era muito dinheiro. E eu sabia que viria mais e muito mais.

Eu sabia que eu ia explodir. E comecei a me desesperar um pouco.

E começaram a surgir os porquês na vida. Ficava bem de saber que estava jogando o jogo e, mesmo assim, não me sentia legal. O que eu conseguia era nunca cancelar um show por causa da depressão. Eu saía triste, silencioso, pensativo, mas, quando entrava no palco, estava inteiro para fazer o que eu sabia fazer, o que eu sei fazer.

Meu avô materno faleceu. Eu recebi a notícia. Eu sofri doído. E, mesmo assim, eu subi no palco e fiz os três shows que eu tinha que fazer naquele dia. Fiz, inclusive, em homenagem a ele. Ele é uma parte da raiz da árvore que eu sou. E os meus frutos, os frutos que vêm do meu trabalho, devem um pouco à seiva que dele recebi.

Quando necessário, eu penduro a minha tristeza. Faço os shows e, quando acabam, pego a minha tristeza de volta. Mas, cada vez mais, vou chegar lá.

Uma das coisas mais ruins da depressão é a ausência da vida social. É o querer ficar quieto, ruminando perguntas sem respostas. Alguns dias passavam e eu não percebia. A ausência do apetite de viver é um mal tremendo. E, com isso, os amigos deixam de ser desejados na nossa vida. E as desconfianças, que nunca existiram, começam a existir. Eu fui me tratando com psicólogo, com psiquiatra. Tomando remédio. Enfrentando sem preguiça a depressão. Mas, ao contrário do que muita gente desavisada acha, depressão não é frescura, não é falta de trabalho, não é descaso com a vida, é dor doída demais diante de uma vida que já não é a mesma.

Como sempre, fui um livro aberto, nunca escondi a depressão. Sempre falei até para ajudar as outras pessoas a procurarem ajuda, também.

As perguntas que iam se avolumando dentro de mim faziam com que eu ficasse cada vez mais em silêncio. Não um silêncio bom da pausa, do descanso. Um silêncio barulhento de tantos medos dentro de mim.

Falar me ajuda. E trabalhar, também. E, também, saber que, hoje, posso ajudar toda a minha família. E saber que eles me amam do jeito que eu sou. E que têm orgulho de mim. E que, em quaisquer circunstâncias, estão ao meu lado.

Se me perguntam se são as injustiças que aumentam o nosso sofrimento, eu digo que sofro mais com as injustiças que cometem contra os outros do que contra mim. Acho que fui me calejando e que as críticas que me incomodavam tanto no começo já não têm o mesmo peso. Às vezes, acho até graça. Em um dos shows da turnê na Europa, por exemplo, o público era bem menor. E eu fiz um vídeo mostrando que não havia tanta gente. E um portal do Piauí, do meu estado, do estado que eu tanto amo e que eu tanto ajudo, deu destaque exatamente para isso.

Eu tenho consciência do meu tamanho, de onde cheguei e do quanto ainda preciso aprender. Tenho a consciência, também, do risco de tanta exposição. Mas o tempo vai nos ensinando sabedoria. E o sofrimento vai nos lapidando para sermos pessoas melhores. É nisso que acredito.

Os troféus nos incentivam. Eu tenho comigo o troféu de 1 milhão de inscritos, o troféu de 10 milhões de inscritos, o troféu internacional de melhor canal do YouTube. Tenho outros prêmios, também. E tenho muitas histórias. Mas eu queria mesmo era um Emmy, de comédia. Um dia eu chego lá.

Uma vez, eu estava muito feliz pelo grande sucesso de uma turnê. Mas também muito cansado. De quarta a domingo fazia, às vezes, três shows em um único dia. E chegou um dia, em Mato Grosso, que me deu um branco em frente a uma plateia lotada. Eu me perdi. Eu não sabia o que vinha depois. E então eu comecei a brincar com a galera com o celular até me lembrar. Depois voltei, normalmente, sem dizer que havia me esquecido. E o show foi ainda mais lindo. Como é bom a gente se superar. A gente encontrar as pedras, como diria o poeta, que surgem nos nossos caminhos e, mesmo assim, prosseguir.

Primeira e única vez que me perdi. Naquele dia, eu só não estive bem. Foi isso.

DÉCIMA TERCEIRA CONVERSA

O BOM DO DINHEIRO

Eu gosto de ganhar dinheiro. Por que não gostaria? Uma vez, em um programa de entrevistas, um apresentador brincou comigo dizendo que gostava mais de mim quando eu era pobre. Algumas pessoas gostam mais da gente quando a gente é pobre. Algumas pessoas têm dificuldade de conviver com o nosso sucesso, com o nosso dinheiro. O problema é delas. Eu gosto de ganhar dinheiro e gosto de usar o dinheiro que eu ganho. Eu gosto de explicar que, embora seja engraçado ouvir essas histórias e eu me divirta também, não era muito engraçado quando acontecia.

Eu já disse que acredito que humor é diferente de comédia. Humor é mais profundo. Você consegue fazer as pessoas mudarem de humor por meio de uma lembrança. Eu conto o que era triste e fica engraçado. E, ao mesmo tempo, deixo uma mensagem.

Por exemplo, a hora em que desloquei o ombro, foi só dor. A hora em que eu conto, fica divertido, porque eu superei aquela dor. Quando eu conto do tempo em que eu não tinha dinheiro, eu faço ficar engraçado, mas eu sei o que eu passei quando eu não tinha nada. A vergonha de não ter como pagar um ônibus. De recusar tomar um refrigerante em um bar por não ter como pagar. De precisar emprestar algum material de alguém.

Eu não tracei um projeto de vida em busca de dinheiro. No início dos vídeos, o que eu recebia era muito pouco, e eu fazia com todo o entusiasmo e com todo o prazer do mundo. Foi na época do primeiro aluguel que eu consegui pagar. Era bom poder pagar o aluguel e sobrar algum dinheiro para comprar comida. E é bom, hoje, quando eu posso comprar a comida que eu quero e ajudar muita gente que eu quero bem.

O dinheiro maior que começou a entrar era de show, o volume dos shows. No primeiro show, os ingressos eram de 5 ou 10 reais com 34 pessoas na plateia, como eu já disse. E ainda tendo que dividir com muita gente. Era nada. Sair disso e chegar a fazer shows para 10 mil pessoas ou 20 mil pessoas com uma média de ingresso de 70 reais é uma grande diferença. Até hoje me tira o fôlego. Chega a ser inacreditável.

Quando cheguei a São Paulo, depois de Sobral, fui morar em Moema. Tudo já estava mais fácil financeiramente. Comprei um BMW conversível. Depois, outros carros. Depois, cismei que eu devia comprar um avião. Eu ganhava dinheiro, fazia sucesso e o povo não me respeitava. Pensei, será que eu vou ter que comprar um avião para o povo me respeitar?

Fui pesquisar para ver se era possível, porque eu trabalho nas possibilidades. Fui pesquisando. Namorando. Eu via vários aviões, entrava, via se eu me sentia bem, se eu gostava. E botava uma meta. Comprei o avião, acho que em 2018 ou 2019. Comprei parcelado do Gusttavo Lima. E, como diz a música dele, ô, bicho caro pra manter, "não tem ser humano no mundo que aguente".

Gosto de investir meu dinheiro em lugares diferentes. Tenho muita coisa no Piauí. Tenho fazenda, casa, apartamento. Tenho algumas participações em algumas empresas. Agência de talentos, editora de livros, agência de investimentos, aplicativos, startups.

A pessoa, para me convencer a colocar dinheiro na empresa dela, tem que me lembrar eu mesmo. O eu sonhador. Se for do Piauí, então, eu presto mais atenção e mais rapidamente.

Há algo, entretanto, que não vem do dinheiro, vem do sonho de todo artista, penso eu. O sonho de ser compreendido, entendido. Mesmo sabendo me expressar de várias formas em várias artes, ainda assim, é difícil dizer o que estou sentindo.

Nos shows, há sensações incríveis que fazem com que eu brinque comigo. Quando dou risada de uma desgraça minha e todo mundo ri, eu penso, é isso mesmo, você se fodendo e o povo todo achando engraçado. Mas é como eu disse. É o jeito de superar a tragédia, de ir além, de transformar em comédia, hoje, o que ontem foi dor.

O bom do dinheiro é mandar nele e não ser mandado. Como já disse, com toda a sinceridade, eu não escondo que eu gosto de ganhar dinheiro. Mas digo com a mesma sinceridade: o que eu faço, eu não faço por dinheiro. Eu faço porque eu gosto, porque eu acredito, porque é o jeito de eu levar a mensagem que eu quero levar para o mundo. E eu, também, gosto do dinheiro que vem. Esse é o perigo! Tem que estar atento.

DÉCIMA QUARTA CONVERSA

O BOM DE AJUDAR AS PESSOAS

Não sei se faço bem em falar o quanto eu gosto de ajudar as pessoas, de como brota de mim uma felicidade especial quando sou capaz de mudar a vida de alguém. Digo não sei se faço bem porque há um princípio "dos crentes" que diz que o que a mão direita dá, a mão esquerda não precisa ficar sabendo. Mas há outros tantos princípios evangélicos, cristãos, humanos de que nós devemos ajudar as pessoas a fazerem o bem. E a maioria, pra não dizer todos, é ignorante. Eu sei que eu tenho uma força catalizadora. Que, quando eu peço, eu movimento as pessoas. E, por isso, então, eu falo.

Ganhou muita visibilidade, até pelo momento em que estávamos vivendo e um pouco ainda estamos, nessa pandemia, o esforço que eu fiz para ampliar o abastecimento de oxigênio em Manaus.

Imaginem o pulmão verde do planeta, a gigante floresta e as pessoas morrendo de falta de ar. Um contrassenso. Eu vi uma nota no Twitter. E já fiquei mexido. Manaus foi um lugar que sempre me acolheu, desde o início da minha carreira. Shows inesquecíveis. Presentes. Pessoas profundamente carinhosas. E, agora, estavam eles morrendo por falta de liderança. Eu fiquei indignado, pensei em criticar os governos, a falta de humanidade, mas resolvi, como no episódio Gabriel Diniz, transformar revolta em amor. Em amor caridade, como está escrito na Carta de São Paulo aos Coríntios.

Comecei, então, a tuitar e a pedir ajuda nos meus contatos. Eu queria doar e queria que outras pessoas doassem. E mais, eu queria que as doações chegassem aonde tinham que chegar e que não fossem desviadas no meio do caminho. No meio do caminho tem gente honesta, mas tem muito trambiqueiro. Até para ajudar, o que apareceu de gente comentando, "Como faço?". Eles sabiam como fazer.

Liguei para alguns amigos que também têm condições de dar e de conseguir ajuda. E é incrível como as pessoas respondem bem quando elas sabem que a ajuda vai chegar, que vai salvar vidas. Dar o dinheiro, apenas, não basta. É preciso estar inteiro para resolver os problemas. A caridade não é uma transferência bancária, é mais do que isso. É um movimento de cuidar do outro. E, então, surgem os problemas. Não havia tubos de oxigênio para comprar. Eu fui atrás de um outro aparelho. Era preciso encontrar soluções. Tem muita gente que, quando sente que a ajuda vai dar trabalho, lava as mãos, esquece, e fica tentando se convencer de que fez alguma coisa. A caridade é bondosa, é paciente, é responsável. Eu só faço pelos outros o que gostaria que fizessem por mim.

Consegui a adesão imediata do Paulo Gustavo. Quem podia imaginar que ele, que ajudou tanta gente a lutar contra a Covid, iria partir exatamente por causa dessa doença? O Brasil perdeu um dos seus filhos mais talentosos e generosos. Que dor ver a dor da sua mãe, do seu companheiro, dos seus filhos. Mas, quem faz o bem, quem entrega a sua vida à caridade, só pode ir para um bom lugar.

O Gusttavo Lima ajudou e mobilizou as pessoas, também. E outros como a Simone e o Kaká Diniz, o Fabio Porchat, o Bruno de Luca e o Felipe Neto.

Odeio a expressão "a pandemia veio para ensinar". Se veio, não aprenderam nada. Mataram aula e mataram gente.

Tem muito rico. Eu contei com a ajuda de artistas, mas existe muita gente rica. Ninguém é obrigado a ajudar, mas deveria.

Acho que a metade de tudo que ganhei foi para doação. Com certeza, se eu acumulasse tudo que eu ganho, teria dinheiro a rodo. Mas eu não sentiria a sensação que sinto quando um cachê vai inteiro para uma casa de crianças com câncer. Ou vai levar alguém para as Olimpíadas. Desse jeito me sinto vivo, porque só morre quem é esquecido. E é impossível ser esquecido por quem você ajudou a mudar de vida. Isso é se tornar imortal!

Já tive gente divulgando vídeos meus, ajudando a empurrar o carro de alguém que pediu ajuda. Por isso que eu digo que a caridade não é apenas dar dinheiro, é dar um pouco de você. É deixar de lado as coisas da sua vida para cuidar de uma outra vida que passa diante da sua ou de muitas outras vidas, que ganham mais vida com a sua. Embora me tratem diferente, eu não sou, de fato, mais que ninguém.

Vou continuar fazendo isso. Ajudando e incentivando os outros a ajudarem. Eu acredito que é esse o grande movimento que vai melhorar o mundo. Muitas vezes, esperamos que a política resolva os nossos problemas. Ou vivemos de criticar apenas esse ou aquele governante que não se importa nem acha que está errado.

Acho justo que as pessoas critiquem, que exerçam a sua liberdade de opinar sobre o que consideram certo ou errado. Mas é possível e é preciso ir um pouco além. Se cada um fizer a sua parte, se cada um melhorar um pouco do mundo ao seu entorno, o mundo inteiro melhora.

Se nós deixarmos de acreditar, estaremos sendo como eles que deixam o povo morrer porque não acreditam mais em nós.

DÉCIMA QUINTA CONVERSA

O NORDESTE DENTRO DE MIM

Sou Nordestino, sim, senhor. Nasci em Palmeira do Piauí no dia 5 de janeiro de 1995. No nordeste, ganhei vida e ganhei força. É do escritor Euclides da Cunha a frase "o sertanejo é, antes de tudo, um forte". No sertão do Piauí, eu posso atestar a força da minha gente. Dos meus avós, dos meus pais, dos meus conhecidos das cidades pequenas em que eu ia abrindo os olhos e respirando a cultura do meu povo.

Cultura é uma coisa que diferencia o homem do animal. Não se vê um leão em um círculo que tem um deles dançando no meio. Só nós fazemos isso, nos reunir por uma causa e o corpo se expressando, criando. E quando essa expressão vem com uma energia muito forte, se torna eterna, como o São João de Parintins ou até o passinho do Recife.

Cultura vem de culto e vem de cultivo. Vem do sagrado jeito que cada povo é e vem das mãos dadas desse mesmo povo para que a irmandade prossiga preservando aquele jeito. As mãos dadas que fazem a sua música, a sua comida, a sua roupa, o seu jeito até de rezar. É assim na Índia, na China ou em Bom Jesus do Piauí.

Há muita ignorância com o nordeste. Quando alguém lê sobre o cangaço, por exemplo, começa a estereotipar todo nordestino como cangaceiro. São ignorantes quanto ao cangaço e quanto ao nordeste. As roupas eram assim porque precisavam ser. Falamos assim porque existe um contexto.

A liberdade que motivou uma batalha pouco conhecida no Brasil, mas que foi um marco para a nossa independência. Foi a Batalha de Jenipapo, que ocorreu em 13 de março de 1823, às margens do riacho Jenipapo, na vila de Campo Maior, no Piauí. A luta se deu tendo, de um lado, os piauienses, maranhenses e cearenses, homens simples, sem grandes armas, contra os portugueses comandados pelo Major João José da Cunha Fidié, que era encarregado de manter o norte do Brasil fiel à Coroa Portuguesa. Foi um confronto sangrento. Muitos brasileiros morreram, mas graças às táticas de guerrilha sertaneja — que era basicamente a esperteza —, tiveram a coragem e a astúcia de assaltar de surpresa um acampamento militar e de se apoderar dos armamentos e das munições do grupo de mercenários portugueses. Cercaram o caminho para Oeiras e forçaram o comandante português a abandonar o Piauí. Bravos nordestinos, sem armas, mas com inteligência, coragem e amor pela terra. Pouca gente sabe disso, embora a data tenha sido acrescida à bandeira do Piauí. Eu ainda vou fazer um filme de uma história de amor e de arte que se passa nessa guerra. Quanto mais um povo conhece, mais valoriza a sua cultura, a sua identidade.

Mesmo entre os nordestinos, há muita desinformação. Somos um povo de muitos estados e de muitas formações diferentes. Dos índios aos negros, dos holandeses aos portugueses, das ocupações, das revoluções. Vejam como as linguagens regionais são diferentes. Já fiz muitos vídeos sobre o jeito do piauiense falar, sobre expressões que são difíceis de serem compreendidas por quem não vive no Piauí. E é assim na Bahia. Ou no Maranhão. Ou em Pernambuco. E Pernambuco é mais do que um. É Recife. É Olinda. É o interior. A internet ajuda a conhecer essas particularidades, mas pode, também, querer mostrar a hegemonia de uma cultura em detrimento da outra. Tudo bem que o povo da Ilha de Itamaracá ouça o samba carioca ou o *blues* americano, mas que não perca as cirandas que marcam a história cultural de suas raízes. No Piauí, tem o xote com o forró. E tem as músicas de amor que há em todos os lugares, mas com o nosso jeito.

No Piauí também tem a festa de São João, mas é diferente da festa da Paraíba. E João Pessoa não é igual a Campina Grande. Tem que conhecer para entender e curtir.

A nossa história é muito rica. Eu sei muito pouco de tudo o que nós vivemos e sofremos. Se for falar no tema da escravidão, por exemplo, o que são 400 anos de escravidão, de crueldade, de preconceito? E será que o preconceito acabou? Entre na página de alguns famosos e conte quantos negros têm nas festas que eles postam. Conte quantos negros têm nas fotos de escola dos filhos de alguns dos homens ricos do Brasil. E todos eles dizem que não têm preconceito, que não são racistas. O preconceito é mais forte do que se imagina. E é tão enraizado que é mais prudente dizer que nós temos que mudar porque, possivelmente, temos atos racistas em nossas vidas e achamos que estamos arrasando. Há muito a se consertar.

Talvez todo mundo devesse se perguntar, "Qual é o meu maior preconceito, e como eu faço para limpá-lo de mim?". Eu digo isso, mas sei que não é simples. Vivemos em bolhas e nos acomodamos a elas achando que está tudo bem. E não está. Há irmãos nossos que falam a mesma língua que falamos, que nasceram no mesmo chão que nós nascemos, que respiram o mesmo ar que nós respiramos sendo tratados sem a menor dignidade, sem a menor compaixão. É o que falo das distrações. Perdemos tempo com tantas coisas desnecessárias e não mudamos o essencial no mundo e em nós mesmos.

DÉCIMA SEXTA CONVERSA

EU AINDA SONHO

Eu gosto de lutar boxe. Gosto muito. No começo, eu estava preocupado com dois problemas com que o boxe podia me ajudar. Um era uma gordura no fígado em um nível alarmante. Eu comecei a fazer academia. Gordura visceral alta pode causar hepatite. Era melhor um exercício de alta velocidade. E o outro era um problema no ombro esquerdo, eu tenho um osso que ficava saindo do lugar. O médico disse que o que poderia fazer era fortalecer o músculo do ombro. E o boxe seria um bom esporte.

Foi assim que eu uni o inútil ao desagradável. Parece mentira, mas foi isso mesmo. Comecei a fazer boxe para melhorar isso.

Comecei a gostar do esporte, a querer me superar nele.

Atualmente, eu treino boxe quase todo dia. Geralmente descanso um dia na semana, apenas. Treino com gente de MMA, com treinadores profissionais de boxe. E aprendo no esporte e na vida.

Como eu sempre busco os melhores, fiz isso também no boxe. Resolvi lutar com um tetracampeão mundial em duas categorias diferentes de boxe, Acelino Popó Freitas.

Eu sou competitivo. Mas sou competitivo comigo mesmo.

Quem acha que eu fico competindo com o Felipe Neto, com o Carlinhos Maia ou com sei lá quem que a internet me rivalize, eu confesso que a minha competição não é com eles. Gosto deles e os admiro em vários aspectos. Minha competição é sempre comigo mesmo.

Se precisar lutar, eu luto. É o que mora na minha cabeça. O que me trouxe até aqui foi trabalhar com possibilidades. Pode ou não pode? Dá para fazer ou não dá para fazer?

Pensei comigo, então, "Já pensou em lutar com o Popó?" Conhecia o Popó como qualquer brasileiro. O grande campeão. O esporte foi nos aproximando. Na época de ouro do boxe, as pessoas acordavam de madrugada para ver uma luta do Popó. Meu pai e tantos pais e tantos filhos ficavam até 4 horas da manhã para ver o Popó. E, aos poucos, eu fui entendendo o mito que era o Popó.

Sem falsa modéstia, como disse, eu trabalho com os melhores.

Depois de três anos lutando, eu resolvi convidar o Popó para lutar comigo. Algumas pessoas dizem que é maluquice. Pode ser.

Eu escolho as minhas maluquices. E por quê? Porque eu trabalho com possibilidades. Dá para fazer? Ele quer fazer? Vamos fazer.

Como meu intuito é sempre me comunicar, essa é uma ótima forma de me comunicar com o mundo da luta. Eles também têm depressão, têm medo, têm fome. Como o Popó tinha. O Popó comprou uma casa fiado, quando ele disputou e ganhou o primeiro mundial. Ele disse: "Tia, eu quero comprar essa casa, eu cansei de dormir no chão". Ele ganhou o mundial e pagou a casa.

Dizem que o boxe é a arte que mais desafia o cérebro. Porque você tem que lidar com respostas muito rápidas. Em um piscar de olhos, você tem que saber o que fazer. Se deixa o rosto ou não. Se bate ou se defende. Se vai para cima ou se recua um pouco. Como na vida. Como nos sonhos que cimentam os meus caminhos. É como na comédia, é de rapidez que preciso. É isso.

O cérebro trabalha com caminhos. Você faz os caminhos. Você escolhe dizer ou não dizer. Revelar ou silenciar. Ir adiante ou deixar de lado e começar tudo de novo.

Mas não há caminho sem sonhos. Eu ainda sonho. E são os meus sonhos que me impedem de empacar em algum lugar. Que me fazem desafiar a mim mesmo por aquilo que eu quero, de alguma maneira, dizer.

Este livro, por exemplo, é a realização de um sonho. Um desejo de contar algumas histórias que marcaram a minha vida e que possam ajudar outras vidas.

Os sonhos nos ensinam que aqueles que têm caminho vão longe. Que os que não têm, ficam parados e desperdiçam outros conhecimentos. Eu segui o meu caminho de Bom Jesus a Teresina. De Teresina a Sobral. De Sobral a São Paulo. De São Paulo e das outras cidades a tantas outras cidades.

Eu segui meu caminho dos vídeos aos shows. Das músicas que eu tocava na Igreja às músicas que toco hoje. Das revelações que fui fazendo, de parte de mim ao eu inteiro que, do meu jeito, conseguiram conquistar tantas pessoas. Não escrevo isso com arrogância, mas com gratidão. Eu sei que muita gente olha para a minha vida e almeja crescer, também. E isso aumenta minha responsabilidade. E é por isso que não escondo os meus tombos, as minhas doenças, as minhas imperfeições, porque foi com todas elas que eu conquistei o espaço em que estou agora e garanto que não paro por aqui. Porque sonho nenhum é estático. O sonho nos movimenta.

Então, para os que sonham apenas com a fama ou com o sucesso, eu não quero julgar, mas, modestamente, colaborar para uma reflexão: a fama e o sucesso têm que ser consequências. A causa tem que ser algo maior. Algo que ninguém tira de você, nunca. Que vive dentro de você. E eu não tenho o direito de dizer o que vive dentro de cada um. Essa é uma conversa que cada um tem que ter com o próprio interior, onde moram os próprios sonhos.

Sabe o que eu sonhei para o meu filho João? Que ele fosse bom. Apenas isso. Que ele tivesse bom caráter. Que ele não fosse preconceituoso, que ele compreendesse o bonito e o feio dos seres humanos. E que ajudasse os feios a serem bonitos. Na alma. Não se vence na vida com gritos que humilham os outros, que diminuem os seus sonhos. O grito de um guerreiro só tem valor se ele sabe o que diz e se seu movimento acompanha o seu grito.

A guerra é todo dia. Mas sem violência. A guerra primeira, e talvez mais importante, é aquela que lutamos com a gente mesmo. É o convencimento que temos que ter de saber escolher, de renunciar para receber, de deixar de lado para prosseguir. Se o meu armário está lotado de roupa, não vai caber nenhuma outra. Eu preciso renunciar a algumas. E, certamente, há muitas que já não mais combinam comigo. Mas as que combinam só vão chegar se eu abrir algum espaço.

Eu não digo com isso que devamos descartar pessoas. Que devamos jogar as pessoas fora como nos desfazemos dos objetos que já não nos servem. Eu digo, entretanto, que temos o poder das escolhas. Eu escolho quem vai ficar perto de mim. Eu escolho com quem trabalhar, com quem conviver. E quanto mais eu me sinto livre para escolher as pessoas, com maior riqueza, mais eu poderei mergulhar em suas histórias, para compreender os seus movimentos.

Não se julga um livro pelo prefácio, como não se julga uma pessoa sem antes conhecê-la. E o que é incrível na trajetória de cada um é compreender a individualidade de cada pessoa. Os notáveis são todos distintos. Eles não se parecem.

Eu falava sobre boxe. E alguém pode dizer: "Que pena que o Mike Tyson foi derrotado!". Não acho que ele foi derrotado, não. São capítulos da vida de uma pessoa. É a novela dela. O que acontece chama outra coisa e outra coisa e, assim, sucessivamente. Alguns capítulos terminam bem, outros nem tanto. Mas a novela prossegue até o capítulo final que, no caso da vida, ninguém sabe quando é.

Um fato que parece uma derrota para alguém pode significar nada para outro alguém. Assim, também, a vitória. Há tantos esportes que param pessoas para assistir a cada lance e torcer até o fim e chorar e sofrer e vibrar. E, na mesma casa, a vitória para outra pessoa pode ser o fazer perfeito de um bolo de cenoura com chocolate. Saber fazer um bolo de cenoura com chocolate significa ter mais inteligência do que entender de um esporte?

Acho graça quando vejo alguém tentar falar difícil para mostrar que sabe mais. Não fico nem um pouco impressionado. O saber vai além das palavras empoladas.

Desde a Igreja, eu percebia que o ser humano não era tão bom quanto eu imaginava. Como eu disse, de repente alguém desaparecia porque, diziam eles, estava indisciplinado. Isto é, de castigo. Afastado por ter cometido alguma falta grave aos olhos do líder daquela Igreja. Eu era muito menino e até me divertia com aqueles falatórios.

Para mim, o incorreto era falar alguma coisa e fazer outra. Se eu aponto o dedo dizendo que traição é pecado e julgo o outro por traição, o mínimo que eu tenho que fazer é não trair. Se eu bato no peito falando de honestidade, de ética e criticando os desonestos, desonesto eu não devo ser.

Observando as pessoas, eu fui me preparando inclusive para a maldade que há nesse mundo tão grande. Mas sem perder o sonho. Sem perder a abertura do meu coração para que outras pessoas possam chegar e participar da minha vida. Só fui tomando consciência da bondade e da maldade. Não sei se a maldade nasce do nada ou se é resultado de algum erro na educação de uma pessoa; se alguém nasce desonesto ou se aprende a desonestidade. Só sei que tem de tudo no mundo. E que é preciso aprender a discernir e a conviver.

Eu tinha um amigo que se chamava Tave Igor. Eu me lembro de uma história de que ele havia dado carona para um cara na mesma região em que alguém fez a mesma coisa e foi morto. E algumas pessoas começaram a dizer que ele havia corrido um grande risco. Que poderia ter acontecido com ele. Eu ficava pensando nas falas e no ocorrido e reafirmava: eu acredito nas pessoas. Tudo bem que as pessoas possam fazer coisas ruins, mas isso é problema delas.

Eu quase nunca esperei o pior de ninguém. Primeiro, porque você não deixa de trabalhar com as pessoas por ter fama disso ou daquilo. Se eu fosse procurar pessoas perfeitas para trabalhar comigo, não trabalharia com ninguém. Nem comigo mesmo. Se eu trabalho com alguém, faz sentido que eu trabalhe com esse alguém, independentemente das suas imperfeições. Se as imperfeições destruírem valores que para mim são essenciais, como a fidelidade, a lealdade, a correção, a verdade então eu deixo de trabalhar com elas. Mas julgar antes, não. Viver da desconfiança, também não. Acho estranho os cristãos julgarem tanto os seus irmãos e se afastarem deles na primeira desconfiança. Pelo que lembro, Jesus dizia que quem precisa de remédio são os doentes. E doentes somos todos nós.

Já falei sobre a amizade, mas a amizade dos meus sonhos nasce na naturalidade dos meus encontros. Não se impõe uma amizade, acontece. São almas que se unem por algum ideal. De afeto, de trabalho, de projetos comuns. Eu sempre fui uma pessoa muito disposta a fazer amizades. A depressão, infelizmente, afetou isso. Mas depressão se enfrenta. É o que fiz. É o que faço. No sonho de tirar de mim tudo aquilo que me tira de mim. E a depressão faz isso.

A amizade só tem sentido no sonho da liberdade. Se você não quiser, você não some da vida das outras pessoas. Permanece. E isso é a liberdade. E a liberdade caminha junto com o respeito. Eu não posso entender que a minha liberdade permita que eu humilhe um amigo meu. Eu me cuido muito para não tratar incorretamente as pessoas, inclusive aquelas que trabalham comigo. A correria, a pressa, as exigências de qualidade, de desempenho, às vezes nos levam a tratar de forma áspera alguém que não errou por escolha nem por descuido. Errou, apenas. Porque faltou aprender. Porque faltou alguém que ensinasse corretamente.

Eu também posso errar e já errei muitas vezes. Eu tomo decisões difíceis na minha vida e, vez ou outra, as pessoas que estão comigo tentam me convencer do contrário. Às vezes, convencem; outras, não. Em muitas ocasiões, eu assumo o risco daquilo que eu quero fazer. Um dia decidi fazer este vídeo, o da senha do wi--fi, paródia da Adele:

> *Olá*
> *E aí*
> *Só vim dar uma passadinha*
> *Ai, que saudade daqui*
> *Os seus pais, adorei*

Eu tô meio inquieto
Deixa quieto eu não sei
E aí?
Gostei
Aqui é tudo muito lindo
O seu cachorro também
Mas vamos ao ponto, por favor
Lá em casa deu uma chuva
E o roteador queimou
Então me ajuda
Um pouquinho
Só vou perguntar uma vez
Qual a senha do wi-fi?
Eu juro eu não aguento mais
Meus nudes
Como é que eu vou mandar
Snap
Do prato tenho que postar
Qual a senha do wi-fi?
Eu juro eu não aguento mais
Meus nudes
Como é que eu vou mandar
Snap
Do prato tenho que postar
Por favor
E ai?
Sou eu
O meu 3G não funciona, então roteia aí pra mim
Só um pouco, só um pouquinho
Eu comprei outro pacote, mas acabou rapidinho

Achei uma rede
De quem é senhor?
Me desculpe, eu vou gritar
Qual a senha do wi-fi?
Eu juro eu não aguento mais
No WhatsApp, meu boy, não dá pra esperar
No grupo uma foto tenho que baixar
Qual a senha do wi-fi?
Eu juro eu não aguento mais
No WhatsApp, meu boy, não dá pra esperar
No grupo uma foto tenho que baixar
Por favor

Eles diziam que era um risco fazer o vídeo, porque tínhamos muitas possibilidades de parcerias com empresas de telefonia, e o vídeo poderia ser visto como uma crítica. Eu ouvi os argumentos. Pensei muito e decidi fazer o vídeo. E adorei. Não é porque tivemos mais de 75 milhões de visualizações. É porque, na minha opinião, ficou incrível, a brincadeira funcionou. Poderia não ter funcionado. E eu teria assumido a responsabilidade pela minha decisão, pelos meus erros. E até pelos acertos que nasceriam da aprendizagem que vem do erro.

A decisão de fazer show em ginásio também foi minha. Eu sabia que o próximo passo tinha que ser algo mais grandioso, que não dava para ficar parado no sucesso dos teatros e dos clubes. Era um sucesso, sim. Mas eu queria mais. E a equipe fez de tudo para me convencer do contrário. E não fizeram por mal, mas por segurança, por medo, por estarem acomodados a um jeito de fazer. Eles faziam a conta e diziam que o show não pagaria a estrutura. No teatro, estava tudo montado; no ginásio ou no campo, não havia nada. Tinha que montar tudo.

Eu ouvia os argumentos, pensava e decidia: "Vamos fazer". Eu lembrava daqueles eventos grandes das Igrejas nos ginásios, nos estádios. Eu pensava no Rock in Rio, um evento que, quando você não está, só de ver a multidão dá vontade de estar lá.

E foi assim que fomos pegando a fama dos shows lotados. E foi dando certo. E poderia não ter dado certo. Mas o sonhador é aquele que faz. Mesmo para errar. Mesmo para aprender com o erro.

Algumas vezes, o som não estava perfeito. E isso me incomodava muito. A galera saiu de casa, pagou ingresso, tinha que ouvir corretamente. E eu dizia a verdade, o som não está bom, então, por favor, o silêncio tem que ser ainda maior para que vocês possam ouvir tudo. E se havia umas crianças correndo, eu já começava com uma história de crianças para manter a atenção delas, para que os pais se preocupassem com elas. Um show também é um momento educativo.

Sou muito grato pelos conselhos e pelas opiniões das pessoas que estão ao meu lado e tenho a humildade de ouvir e de pensar sempre no que dizem, mas a decisão tem que ser minha. Os meus sonhos nasceram dentro de mim. E continuarão a nascer.

DÉCIMA SÉTIMA CONVERSA

VOLTANDO AO COMEÇO

Vivendo como um guerreiro. Desde sempre. Se olho para trás, é assim que me vejo. Se olho para frente, também.

Nos inícios, fiz de tudo.

Sabem o que é fazer um show em festa de criança, em casamento, enquanto as pessoas estão se servindo, em batizado, com os olhos voltados para os doces? Mas é assim que se aprende. É assim que se evolui na arte, na vida. É muito mais legal comer, jantar. E eu querendo que as minhas piadas fossem mais legais do que tudo isso. O foco deles era outro. Uma criança caía no meio de uma piada. E começava a chorar e a gritar. E aquele tumulto. E eu contando a piada. O que você faz na hora? Não tem muita receita. Tem intuição e tem aprendizado.

No começo eu sofria, depois fui compreendendo o quanto era importante estar ali. Eu pensava, aqui tem 1500 mães. Do que elas gostam? O que elas fazem? O que elas gostariam de fazer? Que histórias mexeriam com elas? O que poderia ser engraçado? O que poderia ser emocionante?

Até quando eu ia ao banheiro, eu ficava observando as conversas. E muitas partes dos meus shows nasceram dessas pequenas observações. A vida é muito rica. É muito diferente. E, ao mesmo tempo, muito igual.

Para você entrar no dia a dia das pessoas, você precisa conhecer o que é comum e o que é diferente. Para que elas parem o dia para ver um vídeo seu. Eu não posso entrar na casa de alguém, no computador de alguém, no celular de alguém sem esses cuidados. Senão, eu até entro uma vez, mas não permaneço.

Sempre quando eu estou pensando em um show ou criando um vídeo ou falando com a minha equipe, eu tento, dentro de mim, voltar ao início. Por que foi mesmo que eu resolvi fazer o que faço hoje? E como foi que eu cheguei até aqui? Como foi que eu enfrentei as diversidades e permiti que elas me fortalecessem?

Os shows vazios, também, me fortaleciam. Aconteceu algumas vezes de eu ir a uma cidade e o show estar lotado e de eu voltar, tempos depois, e o show não ter o mesmo número de pessoas. Fui compreendendo que nem sempre era apenas um desejo deles. Era uma crise financeira. Era o show marcado em data inadequada para aquela cidade. O artista tem que estar inteiro, independentemente do número de pessoas. E se divertir com isso. Senão, travamos o nosso psicológico e ficamos imaginando algum boicote ou algum sinal de que não somos mais o que já fomos um dia. E não somos mesmo, porque mudamos todo dia.

Às vezes, cobram de mim críticas fortes ao governo, manifestações enfáticas contra atitudes incorretas. Eu me manifesto, mas do meu jeito, como eu acredito. Temo pela ausência de liberdade. Às vezes, ignoramos momentos da história em que não tínhamos o direito de sermos quem queríamos ser. Ditaduras, extremismos, patrulhamentos, tudo isso rouba de nós a alegria de viver. E o riso sem liberdade é falso, é ensaiado, é equivocado.

Estudo um pouco sobre as guerras civis e sobre os movimentos que defenderam a liberdade e a igualdade. E me incomodo com a ausência desses dois valores. Quando vejo, por exemplo, uma celebridade, com festas de 100, 150 pessoas, e todo mundo é branco que nem você, eu tenho vontade de perguntar: "Cara, você não tem interesse nenhum de ter mais ninguém junto com você?"

Talvez a resposta seja: "Nossa, eu não havia pensado nisso". E aí eu gostaria de insistir respeitosamente: "Então, pense".

Se formos para o tema dos outros preconceitos é também doloroso, e é também necessária uma mudança de postura. Quando você pensa na vida de uma pessoa transexual, na vida e na morte, porque a expectativa de vida deles ou delas é de 35 anos, é muito cruel. Recentemente, eu enviei umas flores e um bilhete para a Roberta, uma mulher trans que teve 40 por cento do seu corpo queimado em um ataque de ódio e preconceito, no Recife. Eu pedi a um amigo que fizesse isso. Eu escrevi para sensibilizar as pessoas:

> Um amigo foi deixar umas flores e um bilhete meu p/ Roberta, a travesti q foi queimada ontem em Recife, ela não pode ler o bilhete, nem receber as flores, ela tá entubada indo amputar o braço esquerdo e avaliando amputação do braço direito, me corta o coração mais do q já está.

O que te dá o direito de atacar o diferente de você? O que precisamos aprender para aprender a conviver com as diferenças?

Para as pessoas que não entendem o que eu estou dizendo, prestem atenção ao mundo. Ao número de mortos por todos os tipos de violência. À violência silenciosa que acontece dentro das casas das pessoas, das crianças que são abusadas ou exploradas sexualmente. Das mulheres que são desrespeitadas pelos seus companheiros. Por quê? O que precisamos aprender para aprender a respeitar minimamente um outro ser humano?

Aprendi a conversar. Aprendi até a ajudar os meus pais a conversarem melhor. Sou eu quem aconselha minha mãe. Sou eu quem a ajuda a perceber que é preciso viver a agonia de cada tempo. Quando meu filho se foi, eles disseram coisas bonitas. E eu prestei atenção. Eu esqueci, depois, o que disseram, mas eu lembrei da intenção deles de acalmar o meu coração. E isso vale muito.

A partir do momento em que eu comecei a fazer as minhas coisas, eles não interferiram mais. Eu sou acostumado a ser sozinho desde pequeno. Nos momentos de dor, eu nem me lembro do que as pessoas me falaram, só me lembro do menino. Da imagem do menino. Da chegada do menino. Da partida do menino.

Decidi sozinho a tatuagem. A tatuagem que lembra o que eu faço com a minha vida desde sempre: **vivendo como um guerreiro**.

A tatuagem que me faz lembrar que tenho um dom ou uma força ou uma decisão especial de mudar o mundo inteiro, a partir do que mudo dentro de mim mesmo.

Essa força que vem de mim é que dá o sucesso ou a fama. A fama não é tudo. A fama é fazer o que você faz com mais gente vendo você. Você é mais do que a fama. Você é a força que te move. E é a força que te move que tem o poder de comover as outras pessoas.

O Wesley Safadão, por exemplo. Olha a força que esse cara tem! Tenho certeza de que ele sabe alguma coisa que só ele sabe e que o faz ter a carreira que ele tem.

Gusttavo Lima tem algum mistério que o move e que o leva até onde ele está. É uma força especial.

Qual é a força que me move? Minha força é o piauiense. E, se alguém me perguntar: "O que é que tem lá?", eu respondo: "Não tem nada". E se insistirem dizendo: "E por que você gosta?", eu respondo: "E por que que tem que ter alguma coisa para eu gostar?", eu amo o Piauí totalmente. Saí de lá, cheguei até aqui.

Eu boto o Piauí tatuado na minha barriga. Na minha alma. E, por favor, entendam, eu não preciso de razões para isso.

Tatuados em mim estão os meus pais. Foi essa a primeira tatuagem, meu pai e minha mãe, a raiz de onde eu vim. Eu tenho um Chaplin, também. Sua história veio até mim. Sua criatividade. Seu destemor em se fazer o artista que ele acreditava que deveria ser. Eu não sabia o que era um ditador quando eu vi "O grande ditador", acho que ele inspirou em mim ainda mais o sentido da liberdade.

E da liberdade vem uma consciência planetária. Um dia desses, eu ganhei uma quantidade de *whey protein*, separada para uso. E cada porção vinha com uma garrafa de plástico para facilitar a minha vida. Pode até facilitar a minha vida, mas não facilita a vida do planeta. E eu não preciso ter 12 garrafas de plástico.

Em mim, também, tem a tatuagem da Maria, no início da gravidez, com uma caveira mexicana. Eu tenho uma história boa com o México e com a Maria no México e com Coyoacán, que é uma das cidades em que se comemoram o dia dos mortos, que é uma grande festa. Não é interessante celebrar os mortos, os ancestrais, as vidas que vieram antes das nossas? Tudo é uma questão de perspectiva, de pensamento, de conhecimento e de decisão.

O pior vício é não saber o que está fazendo. Não ter noção de quem é. De para onde está indo. Tem gente que é crente há 10 anos e não entende nada de cristianismo. Tem gente que foi crente por um ano e compreendeu o amor de Deus. E já bastou. E não ficou abestalhado, julgando os outros, condenando os outros.

Tem gente que passa 10 anos meditando e não tem paciência. É só distração e não aprendizado. Não é autêntico.

É fácil entrar em qualquer comunidade e ficar fazendo um show. O profundo é acreditar no que se diz no show. É entender a razão, a intenção de contar uma história, de cantar uma música, de estar ali. Tem gente que gosta do que não é essencial. Tem um discurso e uma prática completamente diferentes.

Quero voltar ao início.

E tudo começou quando eu comecei a falar do meu

filho e da falta que ele faz. Eu pensava muito em como eu educaria o meu filho.

Meu filho certamente ia crescer em um lugar muito diferente de onde eu cresci. O meu lugar me deu forças. O dele, mesmo sendo diferente, teria que dar também. Não se educa um filho para a fraqueza. A minha força nasceu também da seca, da falta de um livro, de um computador, de uma câmera. Nasceu até das dores que eu senti quando apanhei. Hoje, aprendemos que há outras formas de educar. Eu não bateria no meu filho. Eu tenho um repertório que me obriga a educar de uma outra maneira. Eu aprendi o que é melhor para uma criança.

Se, por um lado, meu pai não tinha muito tempo para conversa e batia com medo de que não estivéssemos prontos para a vida, por outro, ele me deu grandes exemplos de respeito à mulher. O grande exemplo que eu tive em casa era que mulher e homem faziam a mesma coisa. Meu pai cozinhava mais do que minha mãe. Se minha mãe pudesse lavar, ela lavava, senão, ele lavava.

A questão do machismo está na gente. A gente vai melhorando. Mas está na gente. Mas meu filho não iria sair de tão longe. Meu filho ia partir de um exemplo mais tranquilo... Meu filho seria autêntico (eu penso), também, esse seria o meu esforço. Desde o início, quando eu fazia os meus vídeos, o fato de estar sem camisa é um pedaço daquilo que eu sou, eu não fico de blusa dentro do meu quarto, nem de terno. Eu gravava no calor e eu preferia ficar sem camisa. Simples assim.

Os vídeos que eu fazia de rico e pobre eram muito legais. Era uma temática que mexia comigo. Como era na casa do rico e como era na casa do pobre. A pobreza que era muito próxima. E a riqueza que era tão distante. Hoje, eu sei como é restaurante de pobre e como é restaurante de rico. E, quando eu falo, eu não falo para debochar. Eu falo para mostrar as duas realidades tão distantes, as duas tribos, o aprendizado dessas diferenças.

Eu sei, também, o que é uma cidade grande e o que é uma cidade pequena. Eu brinco com o que eu sei. Com o que eu vivi. Com as tragédias que já me abalaram e que, hoje, são apenas cicatrizes inscritas em mim.

DÉCIMA OITAVA CONVERSA

FIM DE CONVERSA

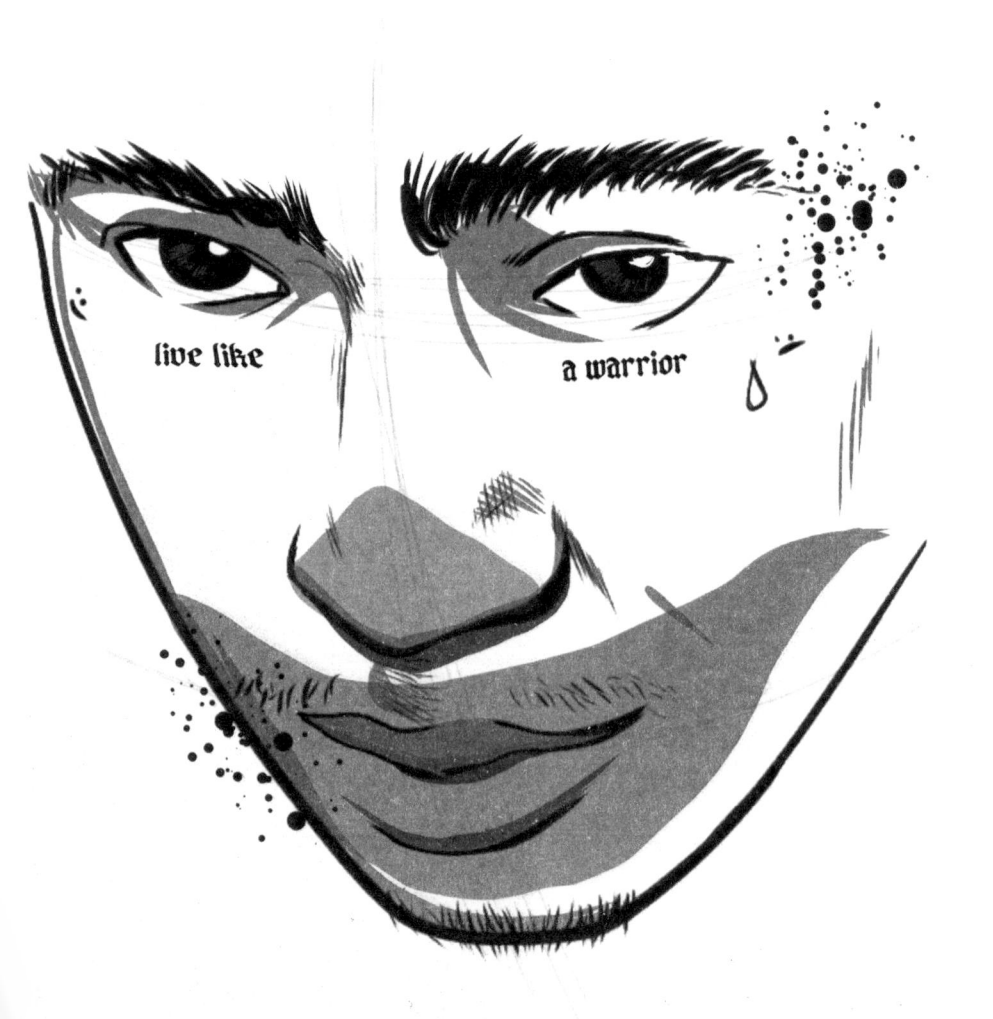

live like a warrior

Pensei em escrever uma conclusão, mas nada está concluído em minha vida. Pensei em chamar então essas palavras finais, por enquanto, de fim de conversa. Para uma pausa que nos separe de um outro livro, de uma conversa, de um outro encontro.

Há tanto que ainda preciso falar. Um pouco, falo aqui; outro tanto, vou falando enquanto vou vivendo.

Enquanto penso na vida que vivo, olho para Regina, uma companheirinha do mundo fascinante dos cachorros que adotei e que me adotou para sempre. A Regina me entende. Seus olhos olham para os meus olhos e leem os meus desejos mais simples, mais meus. O desejo de rir, de brincar e, por que não, de chorar. Um dia, eu estava chorando e ela chorou comigo.

Penso na vida que tantas vezes escapuliu de mim pela complexidade que é a minha vida.

Como eu nunca escondi nada do que vivi, do que sofri, houve um período muito duro da minha vida em que eu não conseguia ficar sem as drogas.

Teve um mês, quando o relacionamento com a Luísa terminou, que eu fiquei sem chão.

A Luísa era uma menina que tinha muitas dúvidas na vida. Eu me via um pouco nela. Eu via que ela tinha futuro e, ao mesmo tempo, achava que ela precisava de ajuda. Eu também precisei de ajuda e não tive ninguém que me ensinasse como eu deveria fazer. Eu me via na obrigação de fazer por ela o que ninguém fez por mim. E, então, eu fazia tudo.

Eu a conheci em 2017. No dia em que eu encontrei a Luísa, eu estava virado de droga, não estava bem, estava em busca do que eu não sabia. Eu vinha de outro término, enfim, essa área da vida eu não domino mesmo, como podem perceber.

Quando a vi, pela primeira vez, eu a vi no efeito da droga. Eu a vi meio que brilhando. Foi o começo de uma viagem. Uma viagem de alguém que tem um instinto de professor. Eu queria passar tudo para ela. Eu queria que ela desse certo na vida.

Eu confesso que faço isso para qualquer pessoa. Se um cara me para no trânsito com um problema, eu quero dar um jeito no problema dele. Eu tenho isso em mim. É de mim mesmo... kkkk. Eu acho que todo mundo merece atenção, que todo mundo merece dar certo. E essa história das pessoas serem invisíveis, não cabe no meu coração.

Minha viagem com a Luísa durou 4 anos. Ela me ajudou com a minha autoestima. Eu não me achava um homem interessante, um cara bonito. Isso pode não parecer muita coisa, mas para um alguém como eu, que algumas pessoas dizem que as mulheres estão comigo porque eu sou famoso e tenho dinheiro... O olhar dela fazia com que eu acreditasse que, de fato, eu era interessante, eu era legal. E, nisso, ela foi minha professora. E eu sou grato. Até hoje eu tenho uma confiança que ela fez brotar em mim.

Nós viajamos muito juntos, conhecemos juntos o mundo e os nossos mundos internos. Alguns lugares do mundo nos possibilitam isso. Conhecemos um campo de concentração, o de Auschwitz, e nunca mais fomos os mesmos. Como a crueldade humana é capaz dessas barbáries? Como o ser humano é capaz de destruir o ser humano? Odeio o ódio. Odeio como convicção de vida. Não compactuo com nenhum tipo de atrocidade.

Se há no mundo um campo de concentração, há também lindas construções do homem e da natureza. Há os paraísos do Havaí, a música da Jamaica, os teatros e palcos de tantos lugares, e o Piauí. Amo o Piauí com todas as células vivas do meu corpo...

A Luísa sofreu; eu também sofri. O passado está em mim. E ela estará sempre em mim. Acabou um ciclo, outros ciclos ainda podem nascer. Luciano Huck e Ivete Sangalo já namoraram. E aí? Hoje, se respeitam e lembram, com dignidade, a história que tiveram.

Quero bem a Luísa e quero que os espaços da sua vida sejam sempre preenchidos com muito amor. Seu sucesso é de alguma forma um perfume que me lembra que é sempre bom cuidar das pessoas. E não quero que as pessoas destruam o que vivemos.

Voltando para as drogas. Quando acabou com a Luísa, eu também tive o meu penhasco. A minha forma de lidar com essas situações é muito minha. Eu falo com o silêncio. Eu falo com o recolhimento. E, às vezes, falo errado.

Reconheço que errei. Que as drogas foram me destruindo.

Quando acabou com a Luísa, era o comecinho da pandemia. Estar sozinho, não sair de casa, me levou a uma viagem que não é uma boa viagem. Sem saber o que fazer, na minha cabeça, para terminar a viagem, eu tive que terminar do jeito que eu comecei.

E, dessa vez, foi muito pior.

Não havia mais intervalo entre as drogas. Eu acordava e desacordava para a vida. Eram drogas e mais drogas tentando estancar sei lá o quê. Um mês. Um mês, e eu tenho a certeza de que não foi a Luísa a culpada. E não foi por ela que eu me lancei nesse abismo. Foi por mim. Foi por um buraco dentro de mim. Foi pela ausência das certezas da minha vida.

Já falei, mais de uma vez, sobre a depressão. E sei que eu não sou o único. Sei o quanto faz sofrer esse vazio que parece interminável.

A depressão tem tratamento. Eu sei disso. É que há momentos em que nos esquecemos disso. Nos condomínios, há placas de 30 km para nos lembrar que ali tem criança, que ali há necessidade de calma. A gente sabe, mas às vezes esquece. É bom lembrar.

Você acorda e não acorda. Você dorme e não dorme. Dias e noites vão se sucedendo. E nada acontece. Vazio. Vazio. Os meus vazios de infância, tudo o que me faltou, de repente, voltava.

Você não ter nada. E depois ter tudo. Ou achar que tem tudo. Ou achar que pode tudo. E, ao mesmo tempo, achar que não pode nada.

Bala, LSD em doses cavalares e algumas outras — eu sofria tanto e achava que eu merecia. E o foco da minha vida virou nada, nas noites que não amanheciam. A sensação, às vezes, era de um descolar da alma do corpo. E o nada me fazia companhia.

As drogas aumentaram as minhas paranoias. Medo das violências, medo das invasões da minha vida. E o pânico. Meu Deus?! Não desejo isso para ninguém. Meu cérebro derretendo. Minhas noites indormidas, virando de um lado para outro. Acusando o chão de não me caber. Tudo muito sofrido.

Robson é um amigo que foi amigo inteiro nesses dias. Ele me olhava para que a solidão não piorasse. Ele compreendia o alimentar da minha desconfiança. Lembro-me de um dia em que eu apalpava as cinturas dele para ver se ele estava armado e se poderia acabar com a minha vida. Imaginem! E ele cuidando de mim.

Sei que foi duro, mas poderia ter sido pior. Eu poderia ter perdido tudo o que eu conquistei. Tudo. Como muita gente perde tudo. E é esse meu jeito de professor que me faz contar essa história e desejar que outras pessoas não passem pelo que eu passei. Ou, se estiverem passando por isso, que tenham forças para recomeçar, como eu tive. Como eu tenho.

Quando, na minha adolescência, me diziam que eu não deveria andar com drogados... hoje percebo que talvez não seja isso. É preciso olhar para Jesus e entender que quem precisa de remédio é quem está doente. Quero, inclusive, que este livro seja remédio para muita gente.

Eu tinha medo que essa fase pudesse voltar. E eu, às vezes, pensava que eu devia me internar. E meus amigos diziam que isso seria um prato cheio para a mídia.

E também não queria que isso fosse um prato cheio para que as pessoas culpassem a Luísa. Não. Definitivamente, a culpa não foi da Luísa.

Não digo que alguém surge na nossa vida para resolver a nossa vida. Mas sou grato à Maria. Foi nessa viagem sem fim que conheci Maria. As minhas bagunças precisavam ser arrumadas. Eu fiquei envergonhado de estar naquela situação. E fui me arrumando.

Eu me lembro que uma vez, na minha casa, vi uma mesa com pilhas e pilhas de cerveja, de uísque, de cachaça. A bebida também é droga!

Eu resolvi deixar o chão em que eu estava e me levantar. É só usar o chão para caminhar por outros caminhos. Resolvi me arrumar, lavar os cabelos, limpar a casa e a alma para que ela pudesse voltar. E ela voltou. E ficou lindamente, em mim, por um bom tempo. Ela também fará sempre parte da minha vida.

Nos meus tempos de desassossego, no chão de um banheiro, eu compus a canção "O homem da mão furada"... Foi Ele quem me estendeu a mão. Ele, o homem da mão furada pelo ódio de tantos homens, nunca deixou de amar. Nunca deixou de me amar do jeito que eu sou.

Tenho o costume de, quando me perguntam de uma nova história, de um novo humor, de onde saíram, responder: "Foi de mim mesmo".

As pessoas, na intenção de ajudar, dizem que é preciso que eu seja de um jeito ou de outro. Eu ouço, penso, e decido que o que eu tenho que fazer é o que "é de mim mesmo". O eu natural, sem forçar ser quem eu não sou, por razão nenhuma.

O homem que eu sou naturalmente muda, aprende e evolui. Mas naturalmente. Com as forças das vidas que se encontram com a minha e que me inspiram a prosseguir vivendo.

Se conversar com os outros é bom, não conversar consigo mesmo é um desperdício! Divertir-se e aproveitar a vida, esse devia ser um mandamento para todo mundo. Como diz a canção, "Nós, gatos, já nascemos pobres, porém, já nascemos livres".

Deixo, ao final dessas páginas que nasceram da minha intenção de estar mais perto de vocês, um pequeno manifesto:

Não digo que nunca precisei de ninguém, porque isso é mentira.

Todo mundo precisa de alguém.

Mas dizer que eu fiquei parado esperando alguém, quando alguém não me ajudou, é mentira.

Eu faço o meu.

E eu faço acontecer.

Taí.

Sem energia, sem água, sem asfalto, cupim caindo na comida, e eu dizendo, "Olha como é o universo botando a proteína".

Taí.

Eu faço.

Eu faço acontecer.

Deixo de lado as distrações e as exigências que não são minhas.

As cobranças que não dialogam com o que mora dentro de mim.

Deixo isso de lado para buscar o essencial da minha vida, que é aprender a me comunicar com o mundo.

E, então, quando eu chegar em alguém bem importante que me compreenda em qualquer língua, eu possa dizer:

"Você pode ajudar o meu país, Leonardo de Caprio?",

"Você pode me ajudar com as quebradeiras de coco de Palmeiras do Piauí?".

Quem liga para as quebradeiras de coco, catador de buriti?

Olho para trás e me dói pensar na escravidão.

Olho para o lado e vejo outras formas de escravidão.

O aprisionamento de uma vida sem oportunidades. De uma educação que é boa para poucos, e pouca para muitos.

A educação é a liberdade que nos garante fazer escolhas.

Sonho que outros tenham as possibilidades de escolha e os prazeres da vida que eu tenho.

Sem perderem a compaixão pelos que sofrem.

Quem liga para a Roberta? Queimada viva em Recife?

É como eu sempre digo, "Você não tem a obrigação, mas deveria".

Eu tenho as minhas prioridades.

Se para entregar a mensagem, eu precisar lutar boxe com um campeão, eu luto. Se tiver que cantar bem, eu aprendo. Se eu tiver que meditar, eu medito; até se precisar morrer, eu morro.

Fodam-se eles!

Eu não quero participar da sua propaganda hipócrita de diversidade. Se você faz alguém se sentir mal por ser quem é, eu não preciso do seu dinheiro.

Eu preciso da sua mudança de vida, do seu olhar correto para o incorreto que você é, quando despreza alguém.

Um guerreiro enfrenta a vida com a coragem de jamais pisar em ninguém!